料理の教科書
ビギナーズ

料理家・管理栄養士
牧野直子

新星出版社

お料理を始める前にまず読んでね！

大学進学や就職で家を出て一人暮らしを始めることになった、彼に料理をつくってあげたいけど自信がない、結婚して毎日ごはんをつくらないといけない、男の手料理をつくってみたくなった……。などなど、料理を始めるきっかけはさまざまでしょう。書店に並んでいる本やインターネットなどで、たくさんのレシピが紹介されていますが、レシピ（つくり方）の中にはふだん耳にしたことがない料理用語があってレシピを読んでもつくれない！という声を耳にします。そこで、本書では、これまでまったく料理をしたことがない人でもすぐにわかる「基本の基本」まで紹介し、レシピの読み方はもちろん、献立のたて方、調理用具や調味料、食材についての基礎知識まで網羅した内容になっています。

また、本書で紹介しているレシピは、20代の女性300人にアンケートをお願いし、「つくりたい・つくってあげたい」という人気が高かったものを中心にまとめました。

1 調理用具・基本の調味料をそろえる

12〜17ページを参考にして基本的なものをそろえましょう。

調味料を合わせておいたりなど下準備をしておきましょう。

2 何をつくるか決める

最初は Step 1〜3（20〜123ページ）のなかからつくりたいものを選び、慣れてきたら Step 4〜5（126〜168ページ）を活用するとバリエーションが広がります。もくじ（6〜10ページ）や巻末にあるさくいん（188〜191ページ）から選ぶのもおすすめです。

3 食材を購入する

冷蔵庫内をチェックして、必要な食材をリストアップします。必要なものをメモして持って行くと買い忘れなくて安心。慣れてきたら冷蔵庫にある食材を活用しましょう。

4 下準備する

焼く、蒸す、煮るなどの調理工程は段取りが大切。調理を始める前に食材の分量をはかったり、切ったり、

5 調理する

調理では火加減や時間が大切。本書の Step 1〜3 ではそれらの目安がアイコンでひと目でわかります。また、文章だけではわかりづらい手順は写真を参考にしましょう。

6 盛りつける

汁気があるものは深めの器、量が多いものは大きめの器、少ないものは小さめの器など、できあがり写真を参考にして料理に合った器に盛りつけましょう。

7 食べる

料理は食べるタイミングも大切です。温かいものはさめないうちに、冷やしたほうがいいものは食べる直前まで冷蔵庫に。時間がたったほうが味がなじむものや、作り置きできるものもありますが、本書で紹介している料理は、基本的にできたてを食べたほうがおいしくいただけます。

献立を考えましょう！

献立は1品だけでは完成しません。一般的に料理は「主菜」「主食」「副菜」に分類されます。どれが欠けても栄養バランスがくずれてしまいます。

本書のメニューはすべて「主菜」「主食」「副菜」のアイコンが入っているので献立を考えやすくなっています。また、本書ではおすすめの組み合わせ例を紹介しているので、最初はそれを参考にしてください。

副菜 ❶

野菜類、いも類、海藻類、きのこ類が主となるメニュー。ビタミン、ミネラル、食物繊維など、代謝を助ける栄養素をとる大切な役割があります。

主菜

肉や魚、卵、大豆などたんぱく質を主としたメインのおかず。たんぱく質が不足すると抵抗力が下がります。献立を考えるときは、まず主菜を決めて、主菜に合う主食や副菜を選びましょう。

主食

ごはん、パン、めん類など炭水化物（糖質）を主にとるメニュー。不足するとエネルギー不足になって疲れやすくなったり、集中力に欠けたり、体重が減ることがあります。

副菜 ❷

不足しがちな栄養素を補ったり、食事の満足感を高めたりするために副菜を「あと一品」追加することがあります。デザートや汁物などがこれにあたります。

本書の読み方・使い方

まずはStep1〜3のメニューにチャレンジしましょう。食材の基礎知識や調理する前の下準備、焼く、煮る、蒸す、揚げるなど調理の基本手順がわかりやすく説明されています。

できあがり写真
盛りつけ、器選びの参考にしてください。写真はすべて1人分の分量です。

「主食」「主菜」「副菜」
献立が考えやすいよう、すべてのメニューにアイコンがついています。「主食」「主菜」「副菜」別のさくいん（189ページ）も活用してください。

Step 1 和風メニュー
あえ衣から自分でつくる ❷
ほうれん草のごまあえ

副菜

材料（2人分）
- ほうれん草 1/2束（150g）
- 塩 少々
- しょうゆ 小さじ1/2
- だし 大さじ1
- あえ衣 砂糖 小さじ1/4
- すりごま 大さじ1/2
- しょうゆ 小さじ1/2

このメニューに合わせるならコレ！
- 主 さばのみそ煮（P44）
- 主 鶏つくね（P50）

check　すりごま
ごまあえのあえ衣はごまをすったものを使います。すり鉢を使って自分でごまをすってもいいですが、市販されているすりごまを使うと簡単です。ごまはそのまま食べるよりも、すったほうが栄養分を吸収しやすくなります。

22

メニュー
アンケートで人気のあったものを厳選して紹介しています。「和風（Step1）」「洋食（Step2）」「アジア（Step3）」と3つにわかれていて、献立を考えやすくなっています。

材料
基本は2人分の分量です。つくりやすい分量の場合もあります。目安量は皮などを含んでいますが、（　）内は皮や芯を取り除いた分量です。計量カップは200ml、大さじ1は15ml、小さじ1は5mlです。

おすすめの組み合わせ
Step1〜3のすべてのメニュー、Step4〜5の主菜（一部）に入っています。献立の一例として参考にしてください。

check
料理や食材についてのマメ知識や調理手順のポイントをわかりやすく解説しています。木綿豆腐と絹ごし豆腐の違いなど、知っているようで知らない情報が満載です。

下準備

特に表記がない場合は洗って皮をむくなどの下処理をすませてからの手順となっています。無農薬野菜の場合は皮ごと調理できるものもありますので好みでどうぞ。切り方は Step6 を参考にしてください。

調理器具

フライパンや鍋の大きさによって加熱時間や仕上がりの状態が違ってきます。本書ではフライパン小は直径18〜20㎝、フライパン大は直径24〜26㎝、片手鍋は直径16㎝・深さ6〜8㎝、両手鍋は直径22㎝・深さ8〜10㎝を目安としています。電子レンジは600Wを想定しています。

火加減と加熱時間

火加減は強すぎても弱すぎても失敗のもととなります。火加減の詳細は18ページを参考にしてください。加熱時間は目安です。材料の重量、調理器具の大きさ、季節や室内の温度によって異なります（冬は長め、夏は短めなど）。野菜の状態や中まで火がとおっているかなどを確認しながら調整してください。Step 4〜5で火加減の目安がない場合は、中火が基本となっています。

火加減の目安

手順の写真

写真があったほうがわかりやすい手順をピックアップして紹介しています。写真の状態を参考にしてつくりましょう。

Point!

よりおいしくつくるための工夫、保存方法、調理手順で特に気をつけて欲しいことなどを紹介しています。

もくじ

プロローグ お料理を始める前にこれだけは！

お料理を始める前にまず読んでね！ ……2
本書の読み方・使い方 ……4

これだけはそろえておきたい調理用具 ……12
あると便利・できればそろえておきたいグッズ ……14

ココを押さえればお料理上手

- その❶ だしをとる！ ……15
- その❷ 材料をはかる！ ……16
- その❸ 調味料をそろえる！ ……17
- その❹ 火加減と水加減を知ろう！ ……18

Step 1 おふくろの味 和風メニュー

- ❶ 冷奴 20
- ❷ ほうれん草のごまあえ 22
- ❸ 焼きなす 24
- ❹ 酢の物 26
- ❺ きんぴらごぼう 28
- ❻ ひじきの煮物 30
- ❼ わかめと豆腐のみそ汁 32
- ❽ だし巻き卵 34
- ❾ 茶わん蒸し 36
- ❿ 肉じゃが 38
- ⓫ 筑前煮 40
- ⓬ ぶりの照り焼き 42

Step 2 みんな大好き 洋食メニュー

ココを押さえればお料理上手 その⑤ ごはんの上手な炊き方 60

- ⑬ さばのみそ煮 44
- ⑭ あさりの酒蒸し 46
- ⑮ 肉野菜炒め 48
- ⑯ 鶏つくね 50
- ⑰ 親子丼 52
- ⑱ 炊き込みごはん 54
- ⑲ お好み焼き 56
- ⑳ ちらしずし 58

- ㉑ ゆで卵 62
- ㉒ フレンチトースト 64
- ㉓ ミネストローネ 66
- ㉔ ハンバーグ 68
- ㉕ 豚のしょうが焼き 70
- ㉖ 照り焼きチキン 72
- ㉗ 鮭のホイル焼き 74
- ㉘ 鶏肉のトマト煮 76
- ㉙ ロールキャベツ 78
- ㉚ ピーマンの肉づめ 80

- ㉛ 鶏のからあげ 82
- ㉜ コロッケ 84
- ㉝ とんかつ 86
- ㉞ グラタン 88
- ㉟ ビーフシチュー 90
- ㊱ カレー 92
- ㊲ オムライス 94
- ㊳ ドリア 96
- ㊴ チーズリゾット 98
- ㊵ カルボナーラ 100

ココを押さえればお料理上手 その⑥ めんの上手なゆで方 102

Step 3 ワールドワイドに アジアメニュー

㊶ 三色ナムル 104
㊷ バンバンジー 106
㊸ 焼きぎょうざ 108
㊹ えびチリ 110
㊺ 酢豚 112
㊻ 麻婆豆腐 114
㊼ ゴーヤチャンプルー 116
㊽ 生春巻き 118
㊾ キムチ鍋 120
㊿ チャーハン 122

ココを押さえればお料理上手
その⑦ 煮込み料理のポイント 124

Step 4 知っておきたい 定番メニュー

(51) 牛しぐれ煮 126
(52) 豚の角煮 127
(53) 豚肉の野菜巻き 127
(54) 鶏肉の竜田揚げ 128
(55) 蒸し鶏 129
(56) 冷しゃぶサラダ 129
(57) あじの南蛮漬け 130
(58) さんまの塩焼き 131
(59) かれいの煮つけ 131
(60) 油揚げの巾着煮 132
(61) 揚げ出し豆腐 133
(62) 天ぷら 133
(63) いなりずし 134
(64) かぶの葉とじゃこ入りごはん 135
(65) たこめし 135
(66) ほうれん草のおひたし 136
(67) 白あえ 137
(68) 切り干し大根の煮物 137
(69) 粉ふきいも 138
(70) 里いも煮 139
(71) かぼちゃの煮物 139
(72) 豚汁 140
(73) すまし汁 141
(74) かきたま汁 141

Step 5 バリエーションが広がる 便利メニュー

75 鶏肉のピカタ 142
76 ポトフ 143
77 ポークソテー 143
78 あじフライタルタルソース 144
79 いわしのマリネ 145
80 白身魚のムニエル 145
81 ポーチドエッグ 146
82 チキンカレー 147
83 ミートソーススパゲッティ 147
84 グリンピースごはん 148
85 ドライカレー 149
86 ピラフ 149
87 八宝菜 150
88 麻婆なす 151
89 チンジャオロースー 151
90 牛肉と野菜のプルコギ 152
91 ホイコーロー 152
92 いかとセロリのピリ辛炒め 153
93 ジャージャーめん 153
94 ビビンバ 154
95 チヂミ 154

96 オクラのおひたし 156
97 小松菜の煮びたし 156
98 いんげんのごまあえ 157
99 にんじんしりしり 157
100 なすのみそ炒め 158
101 蒸しとうもろこし 158
102 じゃがいもの煮ころがし 159
103 さつまいもの甘煮 159
104 海藻と寒天のサラダ 160
105 ラタトゥイユ 160
106 マカロニサラダ 161
107 コールスロー 161
108 ポテトサラダ 162
109 トマトサラダ 162
110 ゆで卵とアボカドのサラダ 163
111 にんじんのグラッセ 163
112 チリコンカン風 164
113 かぼちゃのポタージュ 164
114 コーンポタージュ 165
115 クラムチャウダー 165

Step 6 食材の基本情報と下準備

- 116 スンドゥブ 166
- 117 絹さやとこんにゃくのピリ辛炒め 166
- 118 バンサンスー 167
- 119 ワンタンスープ 167
- 120 あさりの中華風スープ 168
- 121 モロヘイヤのスープ 168

ココを押さえればお料理上手 その❽ 電子レンジ・オーブンの使い方

- キャベツ・レタス 170
- にんじん・大根 171
- トマト 172
- 玉ねぎ 173
- ピーマン・なす 174
- きゅうり・セロリ 175
- アスパラガス・白菜 176
- ブロッコリー・じゃがいも 177
- 里いも・れんこん 178
- かぼちゃ・ごぼう 179
- 青菜（葉野菜）180
- 香味野菜 181
- きのこ類 182
- 海藻類 183
- 肉類の部位 184

知っておきたい基本の料理用語 185

「主食」「主菜」「副菜」別さくいん 187

食材別さくいん 189 191

料理アシスタント／徳丸美沙
撮影／榎本 修
スタイリング／高木ひろ子
イラスト／あべゆきこ
本扉デザイン／フレーズ・大薮胤美
本文デザイン／大政智子 AD・SKI
編集協力／大政智子
校正／くすのき舎

プロローグ

お料理を始める前にこれだけは！

これだけはそろえておきたい調理用具

ちゃんとしたものを！

ちゃんとした調理用具を一度にそろえるのは、
選ぶ手間も金銭的な負担もかかり大変です。
そうはいっても、よいものをそろえれば長く使えますから、
まずは包丁、はかり、フライパン、鍋をよく吟味して購入しましょう。

[包丁]

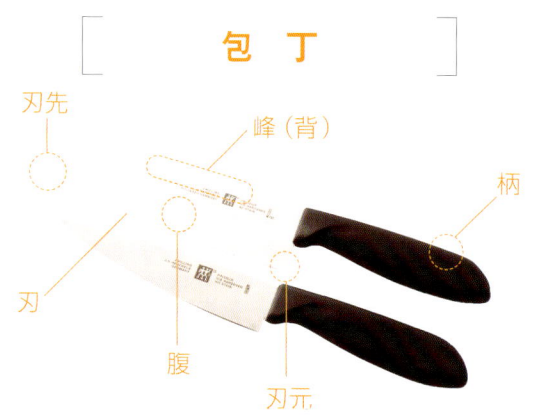

最初は刃の長さが**20cm程度**の**万能包丁1本**と、小ぶりな**ペティナイフ**が1本あれば十分。切れ味がにぶると切りにくくなって危険なので、さびにくいステンレス製のものや研ぎ器がついているものがおすすめ

[電子ばかり]

おいしくつくるためには分量をはかる習慣を。グラム数がひと目でわかる**電子ばかり**は、わかりやすく正確で、器ごとはかれるのでおすすめ（16ページ参照）

[フライパン]

油の使用量が少なくてすみ、こげにくい**フッ素樹脂加工**でふたつきのものを購入しよう。**直径18～20cmの小さめ**のものと、**直径24～26cmの大きめ**のものと2種類あると便利

[鍋]

直径16cm程度、深さ6～8cmの片手鍋と、**直径22cm程度、深さ8～10cmの両手鍋**があると便利。どちらもふたつきで。**アルミ製、ステンレス製**のものが使いやすくおすすめ

プロローグ　お料理を始める前にこれだけは！

これだけはそろえておきたい調理用具

手頃なものでOK！

最近は100円均一ショップなどでもひととおりの調理用具をそろえられます。
最初からちゃんとしたものを購入するのもいいですが、
まずは手頃なものを使ってみてから、より便利なグッズや好みのものを
少しずつ買いそろえるのもいいのではないでしょうか。

（右から）まな板、さいばし、アク取り、玉じゃくし（お玉）、ゴムベラ、フライ返し、木ベラ。まな板は木製もあるが樹脂製のほうが扱いやすく手軽に使える

ボウル、ざる、バット。ボウルは**直径18〜23cmで2種類**、ざるは**直径15〜25cmで3種類**、バットは**大中小3種類**用意しておくと便利

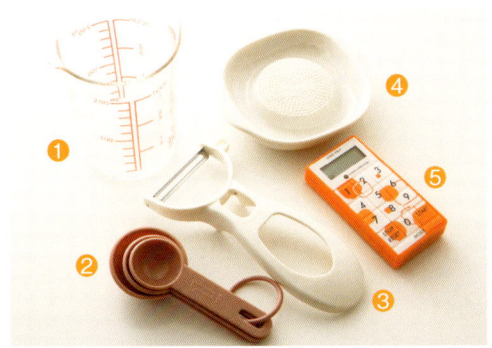

200mlの計量カップ（❶）、計量スプーン（❷）、ピーラー（❸）、おろし金（❹）、キッチンタイマー（❺）もあると便利

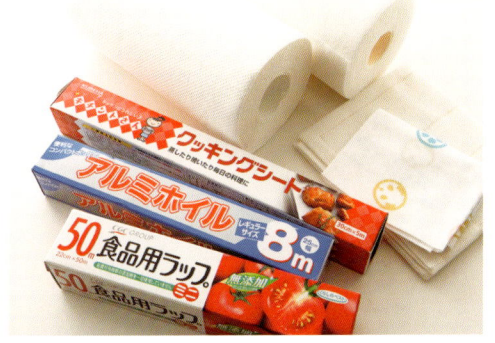

ラップ、ホイル、クッキングシート、キッチンペーパーなども必須。ふきん（食器やまな板用）、台ふき（テーブルや調理台用）も用意

買いもれはないですか？

Check リスト

- ☐ まな板
- ☐ さいばし
- ☐ アク取り
- ☐ 玉じゃくし
- ☐ ゴムベラ
- ☐ 木ベラ
- ☐ フライ返し
- ☐ ボウル（2種類）
- ☐ ざる（3種類）
- ☐ バット（3種類）
- ☐ 計量カップ（200ml）
- ☐ 計量スプーン（3種類）
- ☐ ピーラー
- ☐ おろし金
- ☐ キッチンタイマー
- ☐ ラップ
- ☐ ホイル
- ☐ クッキングシート
- ☐ キッチンペーパー
- ☐ ふきん
- ☐ 台ふき

あると便利・できればそろえておきたいグッズ

ここに挙げているのは別のもので代用できるけれど、
あると便利な調理用具や保存容器など。
本書のレシピで使っているものを中心に紹介しました。

（左から）蒸し台、キッチンばさみ、めん棒。蒸し台は茶わん蒸しなど、めん棒はゆでたじゃがいもをつぶすときなどに活用。キッチンばさみもあると便利

調味料を入れておく小さな容器。調味料をあらかじめ合わせておいたり、少量の食材を入れておいたりなど使う頻度が高いのでサイズもいくつかそろえたい

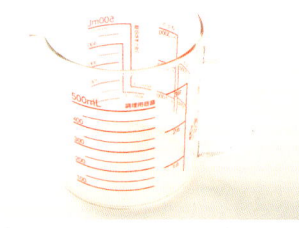

耐熱の500mℓ計量カップ。だしを入れておいたり、乾物を戻すときに使ったりと用途が広い

耐熱容器。「耐熱」表記のないガラス製品や合成樹脂容器は電子レンジでは使用できない

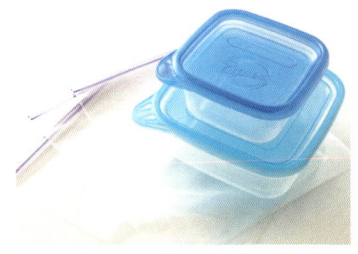

保存用の器や袋。つくり置きできる料理や、使い残りの野菜を冷蔵・冷凍保存するときに便利

しょうゆ・ソースさし。テーブル用に小さな器を用意しておくと使いやすい

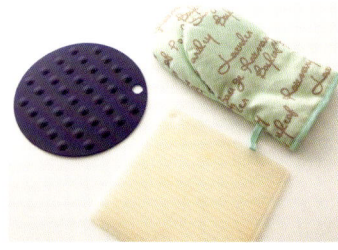

鍋敷き・鍋つかみ。熱い鍋やフライパンをそのまま置くと調理台やテーブルやシンクがいたんでしまう。シリコン製の鍋敷きだと鍋つかみにも使えるので便利

揚げ油を使ったあとの処理に。調理油は市販されている、油をかためる溶剤を使って処理しよう。新聞紙などに吸わせて処理してもOK

Check リスト 買いもれはないですか？

- ☐ 蒸し台
- ☐ キッチンばさみ
- ☐ めん棒
- ☐ 調味料用の容器
- ☐ 計量カップ（500mℓ）
- ☐ 耐熱容器
- ☐ 保存用の器や袋
- ☐ 鍋敷き・鍋つかみ
- ☐ しょうゆ・ソースさし
- ☐ 揚げ油の処理溶剤

プロローグ　お料理を始める前にこれだけは！

ココを押さえればお料理上手　その❶

だしをとる！

和食の基本となるのはなんといっても「だし」。
最近は無添加で質のよいものが市販されていますが、
自分でとることができればお料理上手への第一歩。
まずはだしのとり方をおぼえましょう。

市販のだし

忙しいときや急にだしが必要になったときには市販品を利用しましょう。「洋食／アジアメニュー」で必要なコンソメや鶏がらスープの素は市販品を利用。

和風のだし

さまざまな種類が市販されています。最近は素材にこだわり、化学調味料や塩分が入っていないものもあります。

コンソメ

固形と顆粒（粉末）がありますが、量を調整しやすい顆粒のものがおすすめ。小分けになっているものだと、使い切りやすいです。

鶏がらスープの素

「丸鶏がらスープ」「中華あじ」など、鶏がらがベースになっているスープの素であればどれでもOKです。

いりこだし

具がたんぱくなみそ汁には、コクのあるいりこだしがよく合います。さばのみそ煮など青魚の煮物などにもおすすめ。すまし汁には向きません。

保存は？ ▶ 冷蔵庫で3日程度

■材料
煮干し……………………15g
水……4カップ（冷蔵庫の場合）
水……4カップ（煮出す場合）

■作り方
冷蔵庫の場合

煮干しは頭とわたを取る。残っていると苦みや臭みが出る

保存容器に煮干しと水を入れて冷蔵庫に入れる。6〜8時間ほどでできあがり

煮出す場合

片手鍋に頭とわたを取った煮干しと水を加え強火にかける。沸騰したら中火にしてアクを取る

2〜3分ほど煮て煮干しを取り出す。すぐに使う場合はそのまま具といっしょに食べてもOK

かつお昆布だし

ほとんどの料理に使える万能だし。本書の中の「だし」はこれを指しています。まとめてとって冷蔵庫で保存しておくと便利です。

保存は？ ▶ 冷蔵庫で3日程度

■材料
昆布………………………20cm
かつお節…………20〜30g
水……………………4カップ

■作り方

片手鍋に昆布と水を入れて30分ほどおく

強火にかけ沸騰する直前に（白い泡のようなものが出たら）昆布を取り出す

中火にしてかつお節を加え2分ほど煮て火を止める

かつお節が鍋の底に沈んだらざるでこす。あら熱がとれたら冷蔵庫で保存する

ココを押さえればお料理上手 | その❷
材料をはかる！

レシピには目安量が表記されていますが、同じ野菜でも個体差があります。少しの違いであれば問題ないのですが、かなり違ってしまうと仕上がりの状態がレシピどおりにいかないこともあります。下準備のときに重量をはかる習慣をつけましょう。
だしや水、調味料は計量カップ、計量スプーンを利用してきちんとはかるようにしてください。

はかるときの注意点
- 初心者には電子ばかりがおすすめ
- 平らな場所に置いてはかる
- 直接はかる場合は目盛りをゼロにしてそのままはかる
- 液体や粉をはかる場合はまず空の容器をのせて目盛りをゼロに設定し、材料を入れてはかる

目安量の注意点
- 葉物野菜でよく出てくる「1束」は、一般的には販売されている袋入りや根本をまとめた状態。「1株」は根元がくっついている1かたまり
- にんにく「1かけ」は白い薄い皮で包まれている1かたまり。1かけは10g程度が目安
- しょうが「1かけ」は2〜3cm（10g程度）が目安

計量カップのはかり方

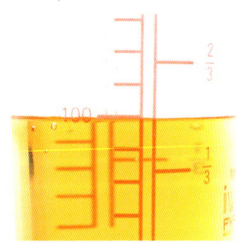

一般的な計量カップは200mℓ。透明なもののほうが、目盛りが見やすい。目盛りを読むときには目線を目盛りと平行にする

計量スプーンのはかり方

大さじ1 ▶ 15mℓ   **小さじ1** ▶ 5mℓ

大さじ1は液体はスプーンの縁ギリギリまで入れる。表面張力があるので盛り上がるまで入れる

1/2杯は見た目には2/3くらい（写真）。1/3杯は約半分。浅い形のものは1/2杯が8分目。1/3杯が約半分

"少々"と"ひとつまみ"

少々は親指と人差し指でつまんだ量。小さじに入れると写真のような分量

ひとつまみは親指と人差し指、中指でつまんだ量。小さじに入れると写真のような分量

粉類は山盛りになるようにすくい（押しこまない）、別のスプーンの柄や竹ぐしで平らにすりきる

1/2杯はすりきりにし、真ん中から半分を取り除く（写真）。1/4杯は1/2杯をさらに半量に

プロローグ　お料理を始める前にこれだけは！

ココを押さえればお料理上手 | その❸

調味料をそろえる！

最近は肉じゃが用、しょうが焼き用、鍋用など料理に合わせた専用の調味料が販売されています。これをすべてそろえていては冷蔵庫が調味料でいっぱい！なんてことになりかねません。そこで、これさえそろえていれば、ほとんどの料理をつくることができる基本の調味料を紹介します。

「さしすせそ」の話は124ページ

砂糖　さ

よく使われるのは白砂糖。三温糖は白砂糖より甘みが強く煮物などに使われる

塩　し
味の決め手になる。化学的に合成されたものより自然の原料を使って天日干ししたものが理想

酢　す

穀物酢、米酢などがある。穀物酢のほうが価格は手頃だが、香りがよく酸味がまろやかなのは米酢

しょうゆ　せ

濃口と薄口がある。一般的なしょうゆは「濃口」を指す。詳細は34ページ参照

みそ　そ

一般的なのは米みそ。詳細は32ページ参照

みりん

甘みが強い料理用の酒。料理に甘みや旨みを加える。照りをつけたり魚介類の臭いをやわらげる役割もある。みりん風調味料は価格は安いがアルコール分や旨みが少ない

料理酒

旨みや風味をつけたり、肉や魚介類の臭いを消したり、肉をやわらかくする。料理酒もあるが、ふつうの日本酒を利用するとよりおいしい。洋食ではワイン、中華では紹興酒などを使う

調理油

サラダ油、オリーブ油、ごま油をそろえよう。コレステロール低下など健康に配慮した調理油もあるが、まずはこの3種類を

こしょう

一般的なのは白こしょう（粉末／左）や粗びきこしょう（右）。粗びきこしょうはすりつぶすミルつきのもののほうが風味が強い

マヨネーズ・ケチャップ

マヨネーズとケチャップは味つけのアクセントにおすすめ

ソース

ウスターソース（さらっとしていて甘みと酸味がある）、中濃ソース（とろみがありより甘みが強い）の2種類があると便利

バター

料理の風味や旨みをアップさせる。常温におくとスプーンですくえるやわらかさになる。大さじ1は12g、小さじ1は4g

その他の調味料
中華でよく使われる調味料もそろえておくと便利（詳細は106、114ページ）

粉類
揚げ物の衣に使う「パン粉（生パン粉のほうがさっくり揚がる）」や「小麦粉（薄力粉）」、とろみをつける「片栗粉」も用意しておこう

ココを押さえればお料理上手 | その❹
火加減と水加減を知ろう！

調理で大切な火加減と水加減。レシピの中では「強火」「中火」「弱火」と三段階で表示していますが、火の状態をおぼえてチェックする習慣をつけましょう。水加減も「ひたひた」「かぶるくらい」「たっぷり」など、それぞれに違いがあります。

水加減

［ ひたひた ］

平らにしたときに食材の頭が水から少し出ている（見え隠れする）水加減。

［ かぶるくらい ］

平らにしたときに食材が水から出ていない状態。ひたひたより多めの水加減。

［ たっぷり ］

材料がしっかりと水の中に入っている状態。野菜を下ゆでするときやアク抜きするときの水加減。

火加減

［ 強火 ］

火が鍋やフライパンの底に当たる状態。鍋や油を温めるときは強火にして、温まったら火を弱める。「グラグラ」と煮たつ火加減。

［ 中火 ］

火が鍋やフライパンに当たるか当たらない状態。「フツフツ」と煮たつ火加減。

［ 弱火 ］

火が鍋やフライパンの底に当たらない状態。焦がさないようにじっくり炒めたり、「コトコト」と煮込むときの火加減。

Step1 おふくろの味 和風メニュー

Step 1 和風メニュー

すぐにできる簡単おかず ①

冷奴

副菜

材料（2人分）

- 絹ごし豆腐 ……… 1丁（300g）
- 小ねぎ ……………… 2本
- みょうが …………… 1個
- しょうゆ …………… 少々

check
絹ごし豆腐と木綿豆腐の違い

豆乳をにがりでかためたものが絹ごし豆腐（右）で、のどごしが絹のようにやわらかいので冷奴や湯豆腐に適しています。木綿豆腐（左）は穴のあいた箱に木綿の布を敷き、そこに豆乳をにがりでかためたものをくずし入れ、圧力をかけて水分を抜いたものです。絹ごし豆腐よりもしっかりした食感で麻婆豆腐などにおすすめ。同じ重さであれば、絹ごし豆腐よりも木綿豆腐のほうにたんぱく質、カルシウムが多く含まれています。

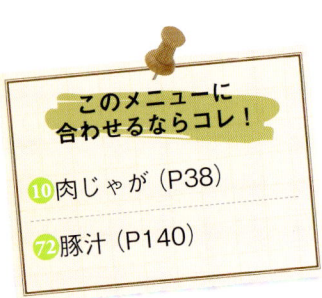

このメニューに合わせるならコレ！

- ⑩ 肉じゃが（P38）
- ㊲ 豚汁（P140）

Step 1 おふくろの味 和風メニュー

和風 1 冷奴

[下準備]

豆腐はペーパータオルで水気をふいておく

小ねぎとみょうがは小口切りにしておく

1 豆腐を切る
ペーパータオルの上で豆腐を半分に切り、さらに半分にします。

2 器に豆腐を移す
①の半分を器に移します。ペーパータオルごと運ぶとくずれにくいです。

3 薬味を飾る
小ねぎ、みょうがなど（長ねぎのみじん切りやおろししょうがでもよい）薬味を飾ります。

4 しょうゆで味をつける
しょうゆは好みの量をかけます。すぐに食べないときは冷蔵庫で冷やしておくといいでしょう。

Point!
豆腐が余ったときには、別の容器に移しかえてひたひたになるまで水を張り、冷蔵庫で保存しましょう。容器の水を毎日新しいものにかえておけば、開封後も2〜3日は日持ちします。

Step 1 和風メニュー

あえ衣から自分でつくる ②

ほうれん草のごまあえ

副菜

材料（2人分）
- ほうれん草 …… 1/2束(150g)
- 塩 ………………… 少々
- しょうゆ ………… 小さじ1/2
- あえ衣
  - だし ………… 大さじ1
  - 砂糖 ………… 小さじ1/4
  - すりごま …… 大さじ1/2
  - しょうゆ …… 小さじ1/2

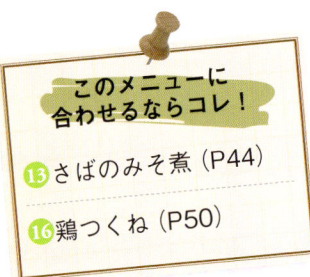

このメニューに合わせるならコレ！
- ⑬ さばのみそ煮（P44）
- ⑯ 鶏つくね（P50）

check **すりごま**

ごまあえのあえ衣はごまをすったものを使います。すり鉢を使って自分でごまをすってもいいですが、市販されているすりごまを使うと簡単です。ごまはそのまま食べるよりも、すったほうが栄養分を吸収しやすくなります。

Step 1 おふくろの味 和風メニュー

和風 2 ほうれん草のごまあえ

[下準備]

ほうれん草は根元の汚い部分を切り落とし、十字の切れ目を入れ、水につけてふり洗いする

あえ衣はあらかじめ混ぜておく

片手鍋

1 ほうれん草をゆでる

お湯が沸騰したら塩を入れ、火が通りにくい根元を先に入れます。10秒ほどしたら葉を入れてさらに20秒ほどゆでます。

約30秒

2 水にとってさます

ゆであがったら流水につけて手早くさまし、水気を軽くしぼります。ゆですぎ防止と色が悪くならないようにするためです。

3 しょうゆ洗いする

まな板の上に置き、全体にしょうゆをたらし、手でしぼるようにして水気をしぼります。

4 3cm長さに切ってあえる

ほうれん草を3cm長さに切り、あえ衣を混ぜたボウルに入れて混ぜます。調味料と混ぜ合わせることを「あえる」と言います。

Point!

しょうゆ洗いとは、材料にしょうゆをふって余分な水分を除くことです。ほうれん草やみつばなど葉物野菜をお浸しやあえ物にするときは、しょうゆ洗いをしておくと下味がつき、水気が抜けておいしく仕上がります。

旨みがぎゅっとつまった ③ 焼きなす

Step 1 和風メニュー

副菜

材料（2人分）
- なす ………… 4本（350g）
- しょうが ………… 1かけ
- しょうゆ ………… 少々

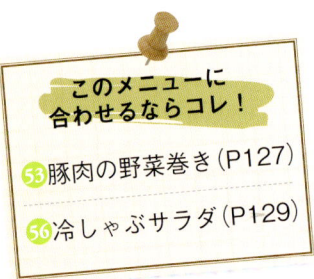

このメニューに合わせるならコレ！
- 53 豚肉の野菜巻き（P127）
- 56 冷しゃぶサラダ（P129）

check
焼きなす

なすを丸ごと焼いて、皮をむいてしょうがじょうゆなどでいただきます。皮が真っ黒になるまで焼くのがポイントです。なすは皮にハリがあり、傷が少なく、ヘタにトゲのあるものを選びましょう。

Step 1　おふくろの味 和風メニュー

和風 3　焼きなす

[下準備]

なすはがくの部分に包丁を一周させて切れ目を入れ、がくを取り、皮に縦に5〜6本切れ目を入れる

しょうがはすりおろす

グリル

1　なすを並べてグリルに入れる

グリルの種類によって並べ方は異なります。説明書を参考にしてまんべんなく焼けるように並べましょう。

2　裏返して同じように焼く

5分ほど焼いて、裏返してさらに5分ほど焼きます。両面焼きのグリルの場合、裏返さず7〜8分焼きます。

約10分

3　取り出して皮をむく

皮が黒くなるまで焼く▲

皮が黒くなったらバットや平たい器の上に取り出して皮をむきます。切れ目を入れているので、むきやすくなっていますが、やけどしないように気をつけましょう。

4　盛りつける

一口大に切っておろししょうがを添え、しょうゆをかけます。

Point!
グリルとはコンロの下部についている魚などを焼くところのことです。グリルがついていない場合はトースターなどでもOK。トースターの場合は、アルミホイルを敷いた上になすをのせ、片面焼きグリルと同様に10分ほど加熱しましょう。

Step 1 和風メニュー ④ お酢でさっぱりいただく

酢の物

副菜

材料（2人分）

きゅうり	1本（100g）
塩	少々
わかめ（塩蔵）	30g

合わせ酢
- 酢 ……… 大さじ1
- だし ……… 大さじ1
- 砂糖 ……… 小さじ1/2
- 塩 ……… 小さじ1/6

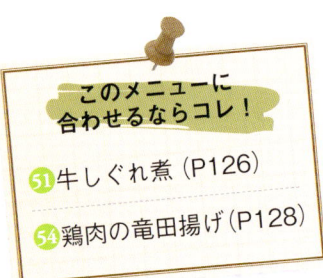

このメニューに合わせるならコレ！
- 51 牛しぐれ煮（P126）
- 54 鶏肉の竜田揚げ（P128）

check
塩蔵わかめ

湯通ししたわかめに塩をまぶし、脱水したもの（写真左）。使うときは塩分を水でよく洗い流してから、水に5～6分つけて戻します（写真右）。手に入らない場合は乾燥わかめでもOK。開封後は冷蔵庫で10日程度保存できます。

26

Step 1 おふくろの味 和風メニュー

和風 4 酢の物

[下準備]

きゅうりは薄切りにして塩をもみこんでおく（塩もみ）

わかめは塩を水で洗い落としてから水で戻す

水気をしっかりしぼる ❶ ▲

① **きゅうりの水気をしぼる**
きゅうりは塩もみして5分ほどおいたら水気をしぼります。

❷

② **合わせ酢を混ぜる**
ボウルに合わせ酢の材料を混ぜ合わせておきます。

③ **わかめを一口大に切る**
戻したわかめは水気をしぼって一口大に切ります。

調味料と合わせる（あえる）❹ ▲

④ **ボウルであえる**
ボウルにきゅうり、わかめ、合わせ酢を入れて混ぜます。

Point!

しらす干し、桜えび（乾燥）、ごま、しょうがなどを加えると、味のバリエーションが広がります。しらす干しや桜えびを加える場合は、それ自体に塩分が含まれているので塩を控え目にしましょう。

Step 1 和風メニュー

⑤ とうがらしがピリリと効いた きんぴらごぼう

副菜

材料（2人分）

- ごぼう ………… 1/3本（60g）
- にんじん ……… 1/4本（45g）
- とうがらし ……………… 1本
- サラダ油 ………… 大さじ1/2
- 合わせ調味料
  - だし ……………… 大さじ2
  - みりん …………… 大さじ1
  - しょうゆ ……… 大さじ1/2

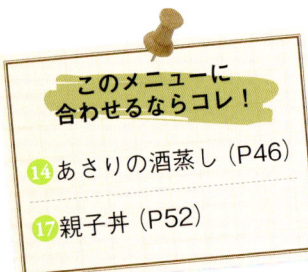

このメニューに合わせるならコレ！
- ⑭ あさりの酒蒸し（P46）
- ⑰ 親子丼（P52）

check きんぴら

ごぼうを千切りやささがきにして油で炒め、砂糖、しょうゆで炒めてとうがらしの辛みを効かせた料理。名前の由来は坂田金平（さかたのきんぴら）という浄瑠璃の主人公です。坂田金平は金太郎の息子で、強くて勇ましいキャラクターにちなみ、「精がつく料理」ということできんぴらごぼうとなったそうです。ごぼうやにんじん以外に、れんこん、じゃがいもなどを使ったきんぴらもあります。

Step 1 おふくろの味 和風メニュー

和風 5
きんぴらごぼう

[下準備]

ごぼう、にんじんはやや太めの千切りにする

とうがらしは半分に切って種を取る。種が辛いので取り除いておく

調味料は合わせておく

フライパン(小)

①

1 とうがらしとサラダ油を熱する

弱火でとうがらしを炒めて香りを出します。焦げないように火加減には注意しましょう。弱火で30秒〜1分間熱します。

30秒〜1分

2 ごぼうとにんじんを炒める

強火にしてごぼうとにんじんを加え、しんなりするまで炒めます。

②

2〜3分

3 調味料を加える

中火にして合わせ調味料を鍋肌（フライパンの端のほう）から回し入れて全体にからめ、水分量が少なくなるまで炒めます。

③
しんなりしたら調味料を加える▲

30秒〜1分

Point!

とうがらしを最後までいっしょに炒めるとピリリとした辛みが効いた味つけになります。辛いのが苦手な人は、炒めている途中でとうがらしを取り出すとよいでしょう。きんぴらごぼうはさめてもおいしいので、お弁当のおかずにも最適です。多めにつくっておくのもよいでしょう。日持ちは冷蔵庫で3〜4日程度です。

Step 1 和風メニュー

作り置きもできる ❻

ひじきの煮物

副菜

材料（2人分）

ひじき（乾燥）	30g
油揚げ	1/2枚
にんじん	3cm
大豆（水煮）	50g
絹さや	2枚
サラダ油	大さじ1/2

合わせ調味料
- しょうゆ……大さじ1
- みりん………大さじ1
- だし…………1/2カップ

このメニューに合わせるならコレ！
- ⓭ さばのみそ煮（P44）
- ㉕ 豚のしょうが焼き（P70）

check
ひじき（乾燥）

乾物の海藻類を常備しておくと、煮物、みそ汁、炊き込みごはんなどの具に活用できます。乾物（写真左）は水で戻すと（写真右）分量がかなり増えるので、材料に表示されている分量が乾燥したものなのか、戻した状態なのかチェックするようにしましょう。

30

Step 1 おふくろの味 和風メニュー

和風 6 ひじきの煮物

[下準備]

ひじきはさっと洗い、15分ほど水につけて戻す

油揚げは熱湯をかけて油抜きすると、煮汁がしみ込みやすくなる

にんじんと油揚げは短冊切りに、絹さやはさっとゆでて斜め細切りにする

片手鍋

❶

1 ひじきとにんじんを炒める
2〜3分
片手鍋にサラダ油を熱し、水気をきったひじき、にんじんを炒めます。

❷

2 残りの材料と合わせ調味料を加える
8〜10分
にんじんがしんなりして、全体に油が回ったら、油揚げ、大豆、合わせ調味料を加えて煮含めます。

3 盛りつける
水分がある程度少なくなったら器に盛り、絹さやを飾ります。

❸
できあがりの目安▲

Point!
ひじきの煮物は冷蔵庫で3〜4日、冷凍で2週間くらいは保存できるので、まとめてつくっておくとおかずが足りないときに便利です。

すぐにできる簡単レシピ 7

わかめと豆腐のみそ汁

副菜

材料（2人分）

わかめ(乾燥)……………2g
豆腐……………1/4丁(75g)
だし……………1と1/2カップ
みそ……………大さじ1強

＊塩蔵わかめの場合は25g程度

check
みそ

しょうゆと並ぶ日本の伝統的な調味料で、米、麦、豆などからつくられます。辛口の淡色みそ（信州みそなど／写真上左)、赤みそ（八丁みそなど／写真上右)、甘口の白みそ（西京みそなど／写真下)が代表的です。保存料や調味料が入っていない、天然醸造のものがみそ本来の風味が生きているのでおすすめです。開封後は冷蔵庫で保存しましょう。

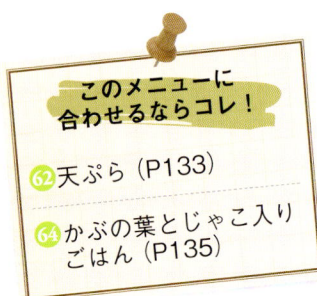

このメニューに合わせるならコレ！

(62)天ぷら（P133）
(64)かぶの葉とじゃこ入りごはん（P135）

Step 1 おふくろの味 和風メニュー

和風 7 わかめと豆腐のみそ汁

[下準備]

ここでは乾燥させたカットわかめをそのまま加える。戻すときにはかなり量が増えるので注意する

だしをとる（15ページ参照）

片手鍋

1 鍋でだしを温める

だしはまとめてとっておいて、冷蔵庫で保存しておくと便利です。忙しいときには市販のだしの素を使ってもかまいません。

約3分

2 豆腐を切って入れる

豆腐は1〜2cm角のさいの目に切ります。まな板の上で切ってもいいですが、手のひらの上で切って、そのまま鍋に入れるとくずれにくいです。

まな板の上で切る▲

手のひらの上で切る▲

約30秒

3 わかめを加える

わかめを加え、再び煮たったら火を止めます。

約10秒

4 みそを溶き入れる

あれば、みそこしを使うと溶きやすいでしょう。ない場合はお玉を使って溶き入れてもかまいません。

Point!

火を止めてからみそを入れるのはみその風味を生かすためです。沸騰させすぎるとだしやみその香りがとんでしまうので、温めなおすときには火加減に注意し、沸騰させないようにしましょう。

Step 1 和風メニュー

やっぱり覚えておきたい ⑧

だし巻き卵

主菜

材料（2人分）

- 卵 ……………………… 4個
- 合わせ調味料
  - だし ………………… 大さじ4
  - みりん ……………… 小さじ1
  - 薄口しょうゆ ……… 小さじ1
  - 塩 …………………… 少々
- サラダ油 ………………… 少々

＊好みで大根おろしにしょうゆをかけたものを添えてもよい

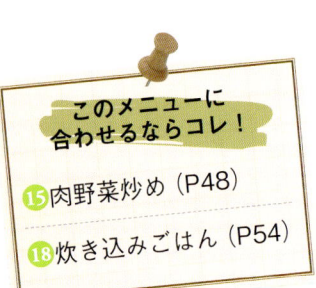

このメニューに合わせるならコレ！
- ⑮ 肉野菜炒め（P48）
- ⑱ 炊き込みごはん（P54）

check
薄口しょうゆ

一般的なしょうゆは濃口しょうゆのことを指します（写真左）。薄口しょうゆ（写真右）は濃口しょうゆに比べて色が薄く、煮物やだし巻き卵など仕上がったときに、色が濃くならないようにしたいときに使います。色は薄いのですが、塩分は濃口しょうゆより多くなっています。

Step 1 おふくろの味 和風メニュー

和風 8 だし巻き卵

下準備

ボウルに卵を割り入れ、さいばしで切るようにして溶きほぐす（割りほぐす）

溶きほぐした卵に合わせ調味料を加え卵液をつくる

卵焼き器

1 卵焼き器に油を引いて熱する

卵焼き器を使うときれいに焼き上がります。ない場合はフライパン（小）を使ってください。

2 卵液を流し入れる
約30秒

卵焼き器が温まったら弱火にして、お玉1杯分の卵液を流し入れます。

3 巻きやすいよう芯をつくる
約30秒

さいばしで気泡をつぶしながらかき混ぜ、卵液がかたまってきたら奥に押しやって芯をつくります。

4 油を引いて卵液を加える
約20〜30秒

手前の空いたスペースにペーパータオルで油を引き、お玉1杯分の卵液を流し込みます。

5 手前に向かって巻く
約20〜30秒

芯を少し浮かせて、下に卵液を流し込み、卵液がかたまってきたら手前に巻いていき、ふたたび奥へ押しやります。

6 卵液がなくなるまでくり返す
約20〜30秒

④と⑤を卵液がなくなるまでくり返して仕上げます。まな板に取り出し、あら熱がとれてから切りましょう。熱いうちに切るとくずれてしまいます。

お鍋で作れる 9

茶わん蒸し

主菜

材料（2人分）

えび……2尾
しいたけ……1枚
ぎんなん(缶詰)……4個
かまぼこ……2切れ(2cm)
三つ葉……2本

卵液
- 卵……1個
- だし……1カップ
- みりん……小さじ1/4
- 塩……小さじ1/4
- 薄口しょうゆ……少々

＊器ごと蒸すので耐熱容器を用意する

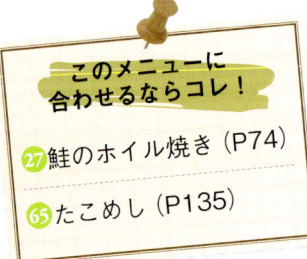

このメニューに合わせるならコレ！

(27)鮭のホイル焼き（P74）
(65)たこめし（P135）

check
ぎんなん

いちょうの実です。独特のにおいがあり、かたい殻に覆われています。秋の味覚の代表格で、茶わん蒸しの具にしたり、そのままいって酒のつまみにしたりと人気があります。生のものは秋以外には手に入りにくいので、缶詰や真空パックなど加工されているものを購入しましょう。

Step 1 おふくろの味 和風メニュー

和風 / 9 茶わん蒸し

[下準備]

割りほぐした卵に調味料を加えて卵液をつくる

えびは背わたを取る。ない場合は取らなくてOK

しいたけは4等分に切り、三つ葉は飾り用はとっておき残りを2cm長さに切る

両手鍋

1 耐熱容器に具を入れる

器にえび、しいたけ、ぎんなん、かまぼこ、2cm長さに切った三つ葉を入れて、卵液を流し込みます。

2 蒸し台を入れた鍋で湯をわかす

鍋に蒸し台を入れ、蒸し台のやや下まで水を入れて、湯をわかします。

蒸し台をセットする▲

約30秒～1分

3 ①を入れて弱火で蒸す

沸騰したら火を止めて①を入れます。ふきんをかぶせてふたをし、ふたの上でふきんを結び、弱火で5～6分蒸します。器が2つ入らない場合は2回に分けて蒸しましょう。やけどしないよう気をつけてください。

5～6分

4 三つ葉を飾る

竹串を刺して卵液がつかなければできあがりです。飾り用にとっておいた三つ葉を飾りましょう。

Point!
器の厚さによって蒸し時間が異なります。鍋の中の湯を沸騰させすぎると、中に気泡ができて「す」が入った状態になります。火加減には注意しましょう。

Step 1 和風メニュー

⑩ 味がしっかりしみこんだ

肉じゃが

主菜

材料（2人分）

豚肩ロース肉（薄切り） …… 150g
じゃがいも …… 2個（250g）
にんじん …… 1/4本（45g）
玉ねぎ …… 1個（200g）
いんげん …… 5本（40g）
しらたき …… 100g

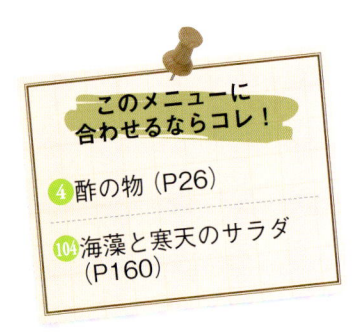

合わせ調味料
- しょうゆ …… 大さじ2
- みりん …… 大さじ2
- 砂糖 …… 小さじ2
- 酒 …… 大さじ1

サラダ油 …… 大さじ1

このメニューに合わせるならコレ！

- ④ 酢の物（P26）
- ⑩ 海藻と寒天のサラダ（P160）

check
玉ねぎの皮

玉ねぎは上下を切り落とし、一番外側の茶色い薄皮を手でむいて取り除きましょう。白い部分の一部が茶色くなっているときには、そこだけ包丁で切り落とすか、手でむいてください。

Step 1 おふくろの味 和風メニュー

和風 10 肉じゃが

下準備

じゃがいもは乱切りにして水にさらす（煮くずれるのを防ぐため）

豚肉とにんじんは一口大、玉ねぎはくし形、いんげんは3cm長さに切る

しらたきは沸騰した湯に入れ、再沸騰させて下ゆでし、水気をきり、食べやすい長さに切る

両手鍋

1 豚肉を炒める
鍋にサラダ油を熱し、豚肉を入れて炒めます。

2〜3分

2 野菜を加えて炒める
豚肉の色が変わったら水気をきったじゃがいも、にんじん、玉ねぎを加えて炒め、油が回ったらひたひたになるくらいまで水（分量外）を加えます。

約1分

3 アクを取る
強火で熱し、アクが出始めたら中火にして、アク取りを使ってアクを取ります。

2〜3分 → 3〜5分

4 合わせ調味料を入れる
アクが出なくなったらしらたきと合わせ調味料を加え、さらに煮込みます。

25〜30分

5 いんげんを加えてひと煮する
じゃがいもがやわらかくなったらいんげんを加えてひと煮してできあがり。

約1分

Step 1 和風メニュー

煮物ができればお料理上手 ⑪

筑前煮

主菜

材料（2人分）

鶏もも肉 …… 1/2枚（100g）	だし …………… 3/4カップ
れんこん …… 1/2節（70g）	しいたけの戻し汁
ごぼう ………… 1/4本（45g）	……………… 1/4カップ
にんじん ……… 1/4本（45g）	酒 ………………… 大さじ1
干ししいたけ ………… 3枚	しょうゆ …… 大さじ1と1/2
絹さや ………………… 6枚	みりん ………… 大さじ2
サラダ油 ………… 小さじ1	

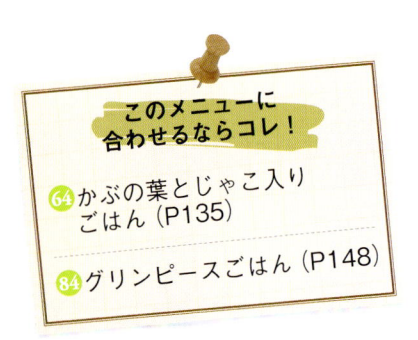

このメニューに合わせるならコレ！

- ⑥⑷ かぶの葉とじゃこ入りごはん（P135）
- ⑻⑷ グリンピースごはん（P148）

check 干ししいたけ

生のしいたけに比べるとビタミンDなど栄養が豊富なうえ、香りや旨みもアップします。常温での長期間の保存が可能なので便利です。戻し汁をだしとして加えると煮物がさらにおいしくなります。

Step 1 おふくろの味 和風メニュー

和風 11 筑前煮

下準備

干ししいたけは15分ほどぬるま湯につけて戻し、4等分に切る

鶏もも肉、にんじんは一口大に切る。絹さやはゆでて斜め半分に切る

れんこんとごぼうは一口大に切って、1.5％濃度（水1ℓに酢大さじ1～2）の酢水に5分さらす

両手鍋

1 鶏肉を炒める
鍋にサラダ油を熱し、鶏肉を炒めます。

2 野菜を加えて炒める （1～2分）
肉の色が変わったらごぼう、れんこん、にんじんを加えてざっと炒め、油が回ったらだし、しいたけの戻し汁を注ぎます。

3 アクを取りながら煮る （1～2分）
強火で熱し、煮立ったら弱火にします。アク取りでアクを取り、酒としいたけを加えて煮ます。

4 みりんとしょうゆを加えて煮込む （1～2分 → 2～3分）
みりんとしょうゆを加え、落としぶた（124ページ参照）をして煮汁が少なくなるまで煮込みます。

5 盛りつける （約15分）
器に盛り、絹さやを散らします。

できあがりの目安▲

Step 1 和風メニュー

意外と簡単にできる ⑫

ぶりの照り焼き

主菜

材料（2人分）
- ぶり ……… 2切れ（160g）
- つけだれ
  - しょうゆ …… 大さじ1/2
  - みりん ……… 大さじ1/2
  - 酒 …………… 大さじ1/2
- サラダ油 …… 大さじ1/2
- 大根 ………… 100g
- しそ ………… 2枚

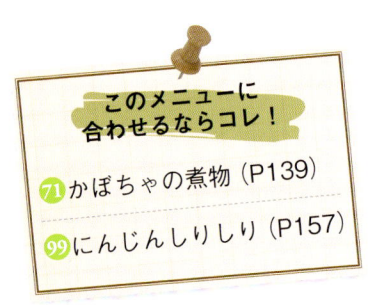

このメニューに合わせるならコレ！
- ㉛ かぼちゃの煮物（P139）
- ㊾ にんじんしりしり（P157）

check
ぶり

体長1mを超える大きな魚なので、スーパーなどでは切り身が販売されています。天然物が流通するのは晩秋から冬にかけてなので、それ以外の時期は養殖物が販売されています。

Step 1　おふくろの味 和風メニュー

和風 12　ぶりの照り焼き

下準備

バットにぶりとつけだれを入れ、途中で裏返しながら5分おく

大根はおろして水気をきっておく

しそは洗って水気をペーパータオルでふき、根元を切る

フライパン(小)

1 フライパンに油を熱する
フライパンにサラダ油を引いてよく熱します。

2 片面ずつ焼く (20〜30秒)
ぶりの汁気をきって両面に焼き目をつけます。

3 蒸し焼きにする (1〜2分)
ふたをして蒸し焼きにします。

4 たれをからめる (3〜5分)
フライパンの空いているところにぶりのつけだれを入れ、煮たたせてからぶりにからめます。

5 盛りつける (30秒〜1分)
しそを敷いた上にぶりをのせ、大根おろしを添えます。

たれは煮たたせてから、からめる▲

Step 1 和風メニュー

ごはんがすすむ ⑬

さばのみそ煮

主菜

材料（2人分）

さば	………	2切れ（180g）
しょうが	………………	1かけ
長ねぎ	………………	1本

合わせ調味料
- みそ ………… 大さじ2
- 砂糖 ………… 大さじ1
- みりん ……… 大さじ1
- 酒 …………… 1/2カップ
- 水 …………… 1/2カップ

このメニューに合わせるならコレ！

- ④ 酢の物（P26）
- ⑥ ひじきの煮物（P30）

check しょうが

煮魚の料理にはしょうがをよく使います。これはしょうがが魚の臭みを消してくれるからです。材料にある"しょうが1かけ"とは2～3cm程度（10g）が目安です。国産の無農薬のものなら、皮ごとそのまま使うと体によい薬効成分を効率よくとることができます。

Step 1 おふくろの味 和風メニュー

和風 13 さばのみそ煮

[下準備]

さばの皮に十字の切れ目を入れる

しょうがは薄切りにする

長ねぎは4cm長さに切ってフライパンで焼き目をつける

フライパン(小)

1 合わせ調味料を火にかける

フライパンによく混ぜた合わせ調味料、しょうがを入れて中火にかけます。

1〜2分

2 さばを入れる

煮たったら皮目を上にしてさばを入れます。

3 落としぶたをして煮込む

再び煮たったら煮汁を回しかけ、弱火にして落としぶたをし、約15分煮込みます。

落としぶたの作り方は124ページ▲

約15分

4 ねぎを加えてさらに煮る

煮汁が少し減ったら落としぶたを取り、長ねぎを加え、中火にして煮汁を回しかけながら1〜2分、煮汁がとろりとするまで煮ます。

1〜2分

煮汁を回しかける▲

Point!
皮目を上にして煮ると、できあがりがきれいに仕上がります。煮汁をかけながら煮るので、ひっくり返す必要はありません。

Step 1 和風メニュー ⑭

おつまみにもなる

あさりの酒蒸し

主菜

材料（2人分）

- あさり（殻つき）………… 250g
- 酒 ………………… 1/4カップ
- とうがらし ………………… 1本
- にんにく ………………… 1かけ
- ごま油 …………… 大さじ1/2

＊あさりは砂出し済みのものを使ってもよい
＊好みで小口切りにした小ねぎを散らしてもよい

このメニューに合わせるならコレ！

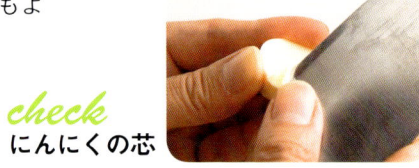

- ⑱ 炊き込みごはん（P54）
- ⑳ ちらしずし（P58）

check にんにくの芯

にんにくを縦半分に切ると、真ん中に芯があります（新にんにくにはありません）。じゃがいもの芽のようにからだに悪いわけではありませんが、そのまま調理すると青臭かったり、食感が悪くなるので取り除きます。縦半分に切ってから、包丁の刃元で取り除きましょう。

Step 1 おふくろの味 和風メニュー

和風 14 あさりの酒蒸し

下準備

あさりは3％の塩水（水200㎖・塩小さじ1）につけて2〜3時間おき（ホイルや新聞紙でふたをして暗くする）、砂出しする

にんにくはみじん切りに、とうがらしは斜め半分に切って種を取る

フライパン（小）

1 あさりをよく洗う
あさりは手のひらで殻をこすりあわせるようにして洗います。

2 にんにくととうがらしを炒める
フライパンにごま油を熱し、にんにくととうがらしを炒めます。

30秒〜1分

3 あさりと酒を加える
あさりと酒を加えてふたをし、蒸し煮にします。

2〜3分

4 あさりの口が開いたらできあがり
火を通しすぎるとあさりの身がかたくなります。あさりの口が開いたら火を止めましょう。加熱しても口が開かないものは取り除きましょう。

できあがりの目安 ▲

Point!
あさりの砂出しをしっかりしていないと、食べたときにジャリジャリとして砂が残ってしまうことがあります。ごま油をオリーブ油、酒を白ワインにかえると洋風になります。

肉野菜炒め

Step 1 和風メニュー ⑮ ぱぱっと手軽にできる

主菜

材料（2人分）

- 豚肉（こま切れ）……… 150g
- 塩・こしょう………… 各少々
- ピーマン…………………… 1個
- キャベツ………… 2枚（100g）
- にんじん………… 1/4本（45g）
- もやし…………… 1/2袋（125g）
- しょうゆ……………… 小さじ1
- 塩・こしょう………… 各少々
- サラダ油……………… 大さじ1

＊しょうゆのかわりにみそ、オイスターソースなどで味つけしてもOK

このメニューに合わせるならコレ！

- ⑫⓪ あさりの中華風スープ（P168）
- ⑫① モロヘイヤのスープ（P168）

check ピーマンの種類

一般的なピーマンは緑色のものを指しますが、実はいろいろな種類があります。緑色のピーマンを収穫せず放置して熟したものが赤ピーマンで、緑色のものより甘みが強く、においは少なめです。肉厚で大きく、赤、オレンジ、黄色など彩りが鮮やかなパプリカもピーマンの一種ですが、甘みが強く、ピーマン独特の苦みがありません。

Step 1 おふくろの味 和風メニュー

和風 15 肉野菜炒め

[下準備]

キャベツは芯の部分を取り除いてからざく切りにする

キャベツはざく切り、ピーマンは種を取って細切り、にんじんは短冊切りにする

もやしはひげ根を取る

フライパン(大)

1 豚肉を炒める

フライパンにサラダ油を熱し、豚肉を炒め、塩、こしょうをふります。

1〜2分

2 野菜を加えて炒める

肉の色が変わったらピーマン、にんじん、もやし、キャベツを加えてさらに炒めます。

2〜3分

3 調味料で味つけする

野菜がしんなりしたらしょうゆを回し入れ、塩、こしょうで味を調えます。

約30秒

▲調味料は全体にかかるように入れる

Point!

もやしのひげ根を取るのは食感をよくするためと見た目を美しくするためです。取らなくてもいいのですが、取ったほうがおいしく仕上がります。ひげ根をとってある「根切りもやし」も販売されています。

ヘルシーな鶏ひき肉を使って 16

鶏つくね

主菜

材料（2人分）

鶏ひき肉……………………150g
しょうが……………………1かけ
長ねぎ………………………1/2本
みそ…………………………小さじ1
卵……………………………1/2個
片栗粉………………………大さじ2
サラダ油……………………小さじ1
しそ…………………………4枚

このメニューに合わせるならコレ！

96 オクラのおひたし（P156）
97 小松菜の煮びたし（P156）

check
鶏ひき肉

鶏肉は豚肉や牛肉に比べると脂質が少なく、カロリーが控えめなのでダイエット中にもおすすめ。100gのカロリーは牛ひき肉は224kcal、豚ひき肉は221kcal、鶏ひき肉は166kcalです。傷みやすいので購入したら翌日くらいには使いきりましょう。

Step 1 おふくろの味 和風メニュー

和風 16 鶏つくね

下準備

しょうがと長ねぎをみじん切りにする

卵は溶いておく

しそは洗って千切りにする

フライパン(大)

1 ボウルで肉だねをつくる
ボウルにサラダ油としそ以外の材料を入れて手でよく混ぜ合わせます。

2 肉だねを形づくる
肉だねを4等分にして、丸く平べったい状態に形づくります。厚みは1cm程度にしましょう。手に水をつけておくと、肉だねが手につきにくく、やりやすいです。

3 両面に焼き目をつける
2〜4分
フライパンにサラダ油を熱し、つくねを焼きます。裏返して両面に焼き目をつけましょう。

焼き目の目安▲

4 蒸し焼きにする
約5分
ふたをして弱火にし、蒸し焼きにします。

5 盛りつける
器につくねを盛り、しそをのせます。

Step 1 和風メニュー

数分でできあがり ⑰

親子丼

主食 主菜

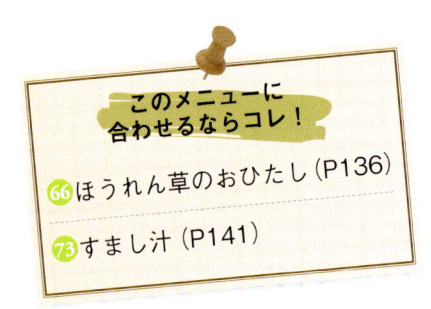

材料（2人分）

鶏もも肉 …… 1/2枚（100g）
玉ねぎ …… 1/2個（100g）
卵 …………………… 2個
だし ………… 1と1/2カップ
薄口しょうゆ・みりん
　………… 各大さじ1と1/2
ごはん …… 2人分（400g）
三つ葉 …………… 適量

このメニューに合わせるならコレ！
- 66 ほうれん草のおひたし（P136）
- 73 すまし汁（P141）

check
親子丼

鶏肉（親）と卵（子）をいっしょに使うので「親子丼」です。だしさえつくっておけば（市販のものを使ってもOK）数分でできる簡単料理です。だしのとり方は15ページを参考にしてください。

Step 1 おふくろの味 和風メニュー

和風 17 親子丼

下準備

鶏もも肉は一口大のそぎ切りにする

玉ねぎはくし形切りにし、卵は割りほぐしておく
飾り用の三つ葉は2cm長さに切る

フライパン(小)

1 玉ねぎを煮る
フライパンにだしを入れて火にかけ、玉ねぎを加えてふたをして3〜5分煮ます。

3〜5分

2 残りの材料を加える
鶏肉、薄口しょうゆ、みりんを加えて4〜5分煮ます。

4〜5分

3 卵を回し入れる
鶏肉に火がとおったら卵を回し入れて1分ほど煮て、火を止めてふたをし、20〜30秒蒸らします。

1分

4 盛りつける
大きめのごはん茶わんにごはんをよそい、③をのせて三つ葉を添えます。

余熱で火をとおす▲

小分けにして冷凍しよう

18 炊き込みごはん

主食

材料（4～6食分）

米……………………2合
鶏もも肉……1/2枚（100g）
にんじん……1/4本（45g）
合わせ調味料
- しょうゆ…大さじ1と1/2
- 酒……………小さじ2
- みりん………小さじ2
- 塩……………少々

ごぼう……1/4本（45g）
しいたけ……2枚（30g）
いんげん……………5本

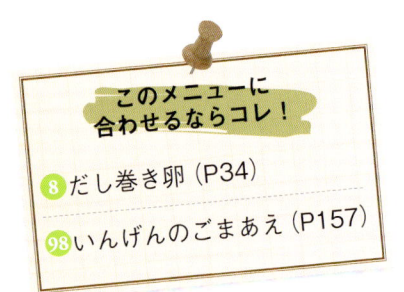

このメニューに合わせるならコレ！

8 だし巻き卵（P34）
98 いんげんのごまあえ（P157）

check
ごはんを冷凍

炊き込みごはんは少しの量よりも、まとめてつくったほうがつくりやすく、おいしくできます。余ったものは小分けにしてさまし、ラップに包んで冷凍しておくと便利です。1カ月ほど保存できます。

Step 1 おふくろの味 和風メニュー

和風 18 炊き込みごはん

下準備

米はといでザルにあけておく（15～30分程度。それ以上おかない）

鶏もも肉は細切りにしてよく混ぜた合わせ調味料につけておく

にんじんは千切りに、しいたけは半分に切って薄切りに、いんげんはさっとゆでて斜め細切りにする

ごぼうはささがきにして酢水にさらす

炊飯器

調味料分の水をすくい出す ▲

1 炊飯器に米を入れる
炊飯器にといだ米を入れ、ふつうの水加減まで水を入れます。その後で調味料分の水（大さじ3弱）をすくい出します。

2 野菜をのせる
にんじん、ごぼう、しいたけを全体に広げてのせます。

3 鶏肉を加える
鶏肉を合わせ調味料ごと加えます。広げて平らになるようにしましょう。

4 ふつうに炊く
炊きあがったらいんげんを加え、全体をさっと混ぜてできあがり。

いんげんは最後に加える ▲

Step 1 和風メニュー

焼きたての熱々をいただく ⑲

お好み焼き

主食　主菜

材料（2人分）

豚肉（こま切れ）	50g
キャベツ	3枚（150g）
桜えび（乾燥）	大さじ2
小麦粉	1/2カップ
長いも	3cm
だし	1/2カップ
サラダ油	大さじ1
お好み焼きソース・マヨネーズ・青のり・かつお節	各適量

＊好みで紅しょうがを添えてもよい

このメニューに合わせるならコレ！

- ⑫⓪ あさりの中華風スープ（P168）
- ⑫① モロヘイヤのスープ（P168）

check　桜えび

小さな桜色のえびで、生のものは春から初夏に出回ります。1年を通じて手に入る、天日干しなどで乾燥させたものは、えびの旨みと適度な塩気があり、少し入れるだけでおいしさがアップします。カルシウム補給にもおすすめ。

Step 1 おふくろの味 和風メニュー

和風 19 お好み焼き

[下準備]

キャベツを千切りにする。芯の部分を取り除き、丸めて切るとやりやすい

長いもはすりおろす

フライパン(小)

1 ボウルで生地をつくる
ボウルで小麦粉、長いもを混ぜ合わせ、だしを少しずつ加えながらさいばしで混ぜ、生地をなめらかにしていきます。

2 材料を加える
なめらかになったらキャベツ、桜えびを加えます。

3 豚肉を炒める
フライパンにサラダ油を熱し、豚肉の半量を炒めます。

4 生地を加える 1〜2分
肉の色が変わったら生地の半量を乗せ、丸く形を整えながら両面を5〜8分ずつ焼きます。もう1枚も同様に焼きます。

5 盛りつける 10〜16分
器に盛り、お好み焼きソース、好みでマヨネーズをかけ、青のり、かつお節をふります。

Step 1 和風メニュー

おもてなしにぴったり ⑳ ちらしずし

主食 / 主菜

材料（3〜4食分）

米	2合
昆布	15cm
すし酢 〔酢	1/2カップ強
砂糖	20g
塩	小さじ1弱
にんじん	1/3本（60g）
れんこん	150g
えび	6尾（90g）
酒	大さじ1
干ししいたけ	4枚
高野豆腐	1枚
錦糸卵 〔卵	2個
塩	少々
片栗粉	小さじ1/2
サラダ油	少々
合わせ調味料 〔だし	1と1/2カップ
薄口しょうゆ	大さじ2
砂糖	大さじ1
酒	大さじ1
絹さや	10枚

＊すし酢は材料の下準備とごはんに混ぜるときの両方に使う
＊飾りの切り方は人数に応じて調整する

このメニューに合わせるならコレ！

⑩ 里いも煮（P139）
㊆ すまし汁（P141）

Step 1　おふくろの味 和風メニュー

和風 20　ちらしずし

下準備

- すし酢の材料を混ぜ合わせておく
- 米をとぎ、昆布を入れてふつうに炊く（炊いている間に他の準備を進める） 
- れんこんは薄切りにしてさっとゆで、水気をきってすし酢大さじ1と1/2につけてさます。飾り用をとっておき、残りはあらく刻む 
- えびはフライパンで酒をふってふたをして蒸し焼きにし、あら熱がとれたらすし酢大さじ1と1/2をかける 
- にんじんは2cm長さの短冊切りにする 
- 干ししいたけは戻して薄切りにする 
- 高野豆腐は表示どおり戻して水気をしぼり、2cm長さの短冊切りにする 
- 絹さやはさっとゆでて斜め薄切りにする 

フライパン(大)

1　錦糸卵をつくる　🔥🔥 30秒〜1分

ボウルに卵を割りほぐし、塩、片栗粉を加えてよく混ぜます。フライパンにサラダ油を引いて熱し、お玉1杯分の卵液を薄くのばし片面だけ焼き、薄焼き卵をつくります。同様にして残りも焼きます。さめたら細切りにして錦糸卵にします。

さいばしですくい上げる▲

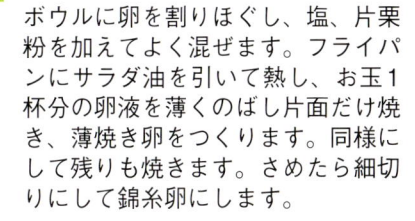

2　具に味つけする　🔥🔥 5〜8分

フライパンに合わせ調味料を入れて煮たて、にんじん、干ししいたけ、高野豆腐を加えて汁気がほとんどなくなるまで煮ます。

3　ごはんにすし酢を合わせる

平らな容器（なければボウルでOK）に炊きあがったごはんを入れ、残ったすし酢を回し入れて、うちわであおぎながらしゃもじで切るようにして混ぜます。

切るように混ぜる▲

4　具を混ぜ合わせて盛りつける

ごはんに汁気をきった②、刻んだれんこんを混ぜ合わせ、器に盛り、飾り用のれんこん、えび、錦糸卵、絹さやを添えます。

ココを押さえればお料理上手 | その❺

ごはんの上手な炊き方

炊飯器で炊く

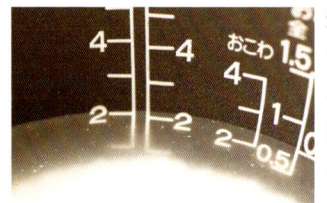

米の分量に合わせて水加減を調節する。炊飯器の内釜にある目盛りに合わせる

最近の炊飯器は機能が充実しているので、しっかりお米を洗って（といで）、水加減を間違えなければ失敗することはほとんどありません。また、ときには気分を変えて、土鍋で炊いてみてはいかがでしょうか？土鍋だと炊きムラがなくおいしく炊けます。

米をとぐ

❶ 米をボウルに入れ、水をたっぷり入れて全体をさっと混ぜ、1回目はすぐに水を捨てる

❷ 米を手のひらで押すようにして洗う（米をとぐ）。力を入れすぎると米が割れるので力加減に注意

❸ 米をといだら水を入れて軽くかきまぜて水を捨てる。②と③を3～4回繰り返し、最後はざるにあける

❹ ざるにあけて15～30分おき、米に水を浸透させる（浸水）。水につけて浸水させる場合は30分～1時間おく

土鍋で炊く

❶ 米の1合は180mℓ。水の量は米の1.2倍なので216mℓ。1合炊く場合は200mℓより少し多めの水を入れる

❷ 米をとぎ、浸水させたあと、分量に合った土鍋に分量の米と水を入れ、ふたをして強火にかける

❸ 土鍋のふたから蒸気が上がったら弱火にし、そのまま10分炊く

❹ 火を止めてそのまま5分ほどおく（むらす）。むらしたら底から返すように混ぜる

Step2
みんな大好き洋食メニュー

ゆで加減はお好みで 21

ゆで卵

主菜

材料（作りやすい分量）

卵 …………………………4個
塩 …………………………少々

check
ゆで時間の目安とゆであがりの状態

超半熟卵 半熟卵（かため） かたゆで卵

ゆで時間の目安

12分以上ゆでると黄身の周囲が黒ずんでしまう。

3分 → 超半熟卵
4〜7分 → 半熟卵
10〜12分 → かたゆで卵

このメニューに合わせるならコレ！

(82)チキンカレー（P147）
(86)ピラフ（P149）

Step 2 みんな大好き 洋食メニュー

洋食 21 ゆで卵

下準備

卵は冷蔵庫から出して常温に戻しておくと、むくときにきれいにむける

片手鍋

1 鍋に水と卵を入れる
鍋に卵とかぶる程度の水と塩を入れます。

2 火にかける
沸騰するまで、さいばしで卵をくるくると回転させます。こうすると黄身が卵の中心になります。

約5分

3 好みの加減にゆでる
沸騰して3分ほどで白身がかたまった超半熟卵、4～7分で半熟卵、10～12分でかたゆで卵になります。好みの加減にゆでましょう。

3～12分

4 あら熱をとる
流水であら熱をとってから殻をむくと、するりとむけます。

5 殻をむく
卵の丸いほう（お尻のほう）をテーブルなどにぶつけて全体的にひびを入れ、水の中でむくときれいにむけます。

Step 2 洋食メニュー

休日のブランチに ㉒

フレンチトースト

主食

材料（2人分）

- フランスパン ……… 1/4本
- 卵 ………………… 1個
- A 牛乳 ………… 1/4カップ
  　砂糖 ………… 大さじ1
- バター …………… 大さじ1

このメニューに合わせるならコレ！
- ⑩⑦ コールスロー（P161）
- ⑪⑮ クラムチャウダー（P165）

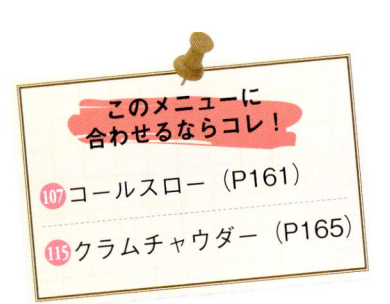

check メープルシロップ

サトウカエデをはじめとする楓（かえで）の木（メープル）の樹液を濃縮した甘味料の総称です。琥珀色をしていて、色が濃いほど高級と言われています。ホットケーキやワッフルにかけたり、お菓子の材料として利用されます。

64

Step 2 みんな大好き 洋食メニュー

洋食 22 フレンチトースト

下準備

- フランスパンは1cm厚さの斜め切りにする
- 割りほぐした卵にAを入れて卵液をつくる 

フライパン（大）

1 卵液にパンを浸す

バットなど深さのある容器に卵液を入れてフランスパンを浸します。10分ほどしたら裏返してさらに10分おき、両面にしっかりと卵液をしみこませます。

卵液がなくなるまでおく▲

2 両面を焼く

フライパンにバターを熱し、溶けきらないうちに①を入れます。1〜2分、焦げ目がつく程度に焼きます。裏返して同じように焼き目をつけます。

1〜2分 ▶ 1〜2分

バターが溶けきらないうちにパンを入れる▲

3 盛りつける

②を器に盛り、好みでメープルシロップや粉砂糖をかけます。写真はメープルシロップです。

Point!
フランスパンがないときには食パン（6枚切り）でもOK。1人分は1枚になります。半分に切って卵液にひたしましょう。

Step 2 洋食メニュー

お野菜たっぷり ㉓

ミネストローネ

副菜

材料（2人分）

- ベーコン……… 1枚（20g）
- 玉ねぎ……… 1/4個（50g）
- セロリ……… 1/4本（25g）
- にんじん……… 1/6本（30g）
- オリーブ油……… 大さじ1
- A
  - ミックスビーンズ（水煮）……… 50g
  - トマト水煮（ホール・缶詰）……… 1/2缶（200g）
  - 水……… 1カップ
  - コンソメ……… 小さじ1
- 粉チーズ……… 大さじ1
- 塩・こしょう……… 各少々

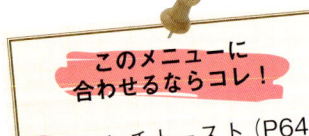

このメニューに合わせるならコレ！

㉒ フレンチトースト（P64）

㊿ 白身魚のムニエル（P145）

check
トマト水煮

野菜売場で売られている生食用トマトと缶詰の加工用トマト、実は品種が違います。缶詰などに使われている加工用トマトは赤味が強く、リコピンやカロテンの含有量が生食用の2〜3倍にもなる品種を使っているのです。トマトの水煮には丸ごとのもの（ホール・写真）やカットされたものがあります。

Step 2 みんな大好き 洋食メニュー

洋食 23 ミネストローネ

下準備

- ベーコンは細切りにする
- 玉ねぎ、セロリ、にんじんは1cm四方に切る（色紙切り）
- ミックスビーンズは水気をきっておく

片手鍋

1 ベーコンを炒める
鍋にオリーブ油を熱し、ベーコンを炒めます。

1〜2分

2 野菜を加えて炒める
ベーコンの油が出てきたら、玉ねぎ、セロリ、にんじんを加えてさらに炒めます。

30秒〜1分

3 Aを加えて煮込む
②にAを加え、トマトをつぶしながら煮込みます。

約5分

4 盛りつける
野菜に火が通ったら塩、こしょうで味を調え、器に盛り、粉チーズをふりましょう。

できあがりの目安▲

Point!
コンソメは固形のものより粉末のほうが溶けやすく使いやすいです。固形のものを使うときには、手で細かくくずして加えましょう。顆粒小さじ1は固形1個とほぼ同量です。

Step 2 洋食メニュー

大人も子どもも大好き ㉔

ハンバーグ

主菜

材料（2人分）

- 合いびき肉 …………… 200g
- 玉ねぎ ……… 1/4個（50g）
- バター ………………… 小さじ1
- パン粉 ………………… 大さじ1
- 牛乳 …………………… 大さじ1

A
- 卵 ……………………… 1/2個
- 塩 …………………… 小さじ1/6
- こしょう・ナツメグ …… 少々

- サラダ油 ……………… 小さじ1

B
- ウスターソース ……… 大さじ1
- コンソメ ………………… 少々
- 水 …………………… 1/4カップ
- ケチャップ …………… 大さじ1

- トマト ………………… 1/2個
- クレソン ……………… 1/2束

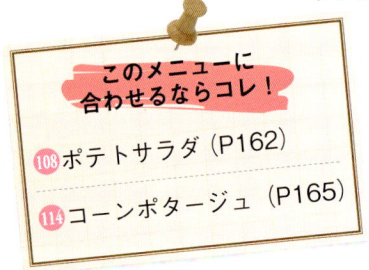

このメニューに合わせるならコレ！
- ⑩⑧ ポテトサラダ （P162）
- ⑪④ コーンポタージュ （P165）

check ナツメグ

香辛料の一種です。甘く、スパイシーな香りが特徴で、肉や魚の臭みを消してくれます。ハンバーグやミートローフなどひき肉料理のほか、パンやクッキー、ケーキなどにも利用されます。たくさん入れてしまうと香りが強くなりすぎるので、使用する量に注意しましょう。

Step 2 みんな大好き 洋食メニュー

洋食 24 ハンバーグ

[下準備]

- パン粉は牛乳にひたして2～3分おく
- 玉ねぎはみじん切りにする。卵は溶いておく 
- トマトはくし形切りにし、クレソンは根元を切る 

フライパン(小)

1 玉ねぎを炒める
フライパンにバターを溶かし、玉ねぎが半透明になるまで炒め、あら熱をとります。
約5分

2 肉だねをつくる
ボウルに合いびき肉、①、A、牛乳にひたしたパン粉を入れて、粘りが出るまで手でよく混ぜます。

3 形をつくる
肉だねを半分に分けて、中の空気を抜くようにして、手のひらでたたきながら小判形に整えて中央を少しくぼませます。

4 片面を焼いて裏返す
フライパンにサラダ油を熱し、中火で焼き色がつくまで焼き、裏返したら、1～2分焼いてハンバーグの半分くらいの高さまで水(分量外)を入れます。
3～5分

5 中心まで火がとおるように焼く
ふたをして5～6分蒸し焼きにします。竹串を刺して透明な肉汁が出たら中まで焼けています。
5～6分

火がとおると透明な肉汁が出る▲

6 ソースをつくる
⑤が焼けたら器に盛り、残った肉汁の汚れをさいばしやスプーンで取ってからBを加え、火にかけてソースをつくります。ソースをかけてトマトとクレソンを添えたらできあがり。
約1分

スタミナアップ 25

豚のしょうが焼き

主菜

材料（2人分）

豚肉（しょうが焼き用）……4～6枚（240g）
しょうが……1と1/2かけ
酒……大さじ1
A しょうゆ……大さじ1
A みりん……大さじ1
A 酒……大さじ1
サラダ油……大さじ1/2
ミニトマト……6個
キャベツ……2枚

このメニューに合わせるならコレ！

(69)粉ふきいも（P138）
(101)蒸しとうもろこし（P158）

check
豚肉

豚肉には疲労回復に効くビタミンB_1が含まれています。ビタミンB_1はごはんなどに多く含まれている糖質をエネルギーにかえる働きがあります。豚肉がスタミナアップにいいと言われるのはそのためです。しょうが焼きに向いているのは、脂が多めのもも肉、肩ロース、ロースなどです。写真はもも肉。

Step 2 みんな大好き 洋食メニュー

洋食 25
豚のしょうが焼き

[下準備]

しょうがはすりおろし、1かけ分はAと混ぜておく

豚肉はしょうが汁（1/2かけ分）と酒に漬けて10分おく

ミニトマトは洗って水気をふき、キャベツは千切りにする

フライパン（大）

1 豚肉の汁気をきって焼く

フライパンにサラダ油を熱し、汁気をきった豚肉を加え、両面を焼きます。

1〜2分

2 Aを加えてさらに焼く

肉をフライパンの端に寄せ、空いたスペースに下準備したAを入れて温め、豚肉にからませるようにして焼きます。

2〜3分

3 盛りつける

②を器に盛り、ミニトマトとキャベツを添えます。

① 肉がかさならないように入れる▲

②

② 肉を返しながら全体にからめる。焦げないよう火加減に注意▲

Point!

しょうがは魚や肉の臭み消し、冷奴や天ぷらの薬味など、いろいろな料理に使われます。血行をよくするほか、殺菌作用、かぜの予防効果などもあります。冷蔵庫に常にあるようにしておくと便利です。しょうがの辛みが苦手な人は、最後に玉ねぎのすりおろし（1/4個）を追加するとまろやかになります。

Step 2 洋食メニュー

みりんで照りを出す ㉖

照り焼きチキン

主菜

材料（2人分）

鶏もも肉　　　　1枚（200g）
ししとうがらし　　10本
しょうゆ・みりん　各大さじ1
塩　　　　　　　少々
サラダ油　　　　大さじ1

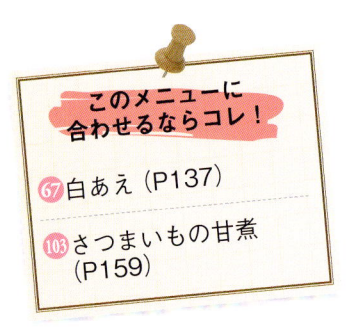

このメニューに合わせるならコレ！

㊻ 白あえ（P137）

⑩③ さつまいもの甘煮（P159）

check
みりん

甘みが強く、アルコールを含む、煮物や照り焼きに欠かせない調味料です。江戸時代には甘いお酒として好まれていたそうです。旨み調味料などを加えたみりん風調味料もありますが、購入するときには「本みりん」と表示されたものがおすすめです。

Step 2 みんな大好き 洋食メニュー

洋食 26 照り焼きチキン

下準備

- 鶏肉は半分に切りフォークで数か所刺しておく
- ししとうがらしはフォークで穴をあける 
- しょうゆとみりんは合わせておく 

フライパン(大)

1 鶏肉を皮目から焼く

フライパンにサラダ油を熱し、鶏肉を皮目が下になるように入れて焼きます。

🔥🔥 3〜5分

2 鶏肉の裏面を焼く

焼き目がついたら鶏肉を裏返し、ふたをして弱火で蒸し焼きにします。空いたスペースにししとうがらしを入れ、ときどき返しながらいっしょに焼きます。

🔥 約5分

3 調味料を加えてからめる

ししとうがらしに塩をふってから取り出します。しょうゆとみりんを手前に入れ、水分をとばすように熱して、鶏肉にからめます。

🔥🔥 30秒〜1分

▲ 空いたスペースで調味料を煮たてる

Point!

鶏肉にフォークを刺すのは味をしみこみやすくさせるため。ししとうがらしに穴をあけるのは焼いたときに破裂するのを防ぐためです。

Step 2 洋食メニュー

トースターで簡単に ㉗

鮭のホイル焼き

主菜

材料（2人分）

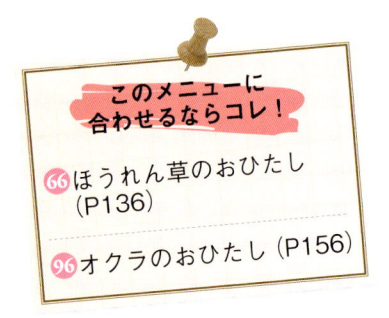

生鮭	2切れ（100g）
玉ねぎ	1/4個（50g）
にんじん	1/4本（45g）
しめじ	1/2パック（45g）

合わせ調味料
- みそ……大さじ1
- みりん……大さじ1/2
- 酒……大さじ1/2
- すりごま……小さじ1/2

このメニューに合わせるならコレ！
- ㊻ ほうれん草のおひたし（P136）
- �96 オクラのおひたし（P156）

check
生鮭

鮭には塩漬けにした塩鮭、燻製にしてスライスした状態で売られているスモークサーモンなどがあります。「生鮭」は加工されていない切り身のことを言います。秋から冬にかけては秋鮭が出回りますが、旬をすぎるとアトランティックサーモンが主流となります。

Step 2 みんな大好き 洋食メニュー

洋食 27
鮭のホイル焼き

下準備

鮭は1切れを4つのそぎ切りにする

にんじんはピーラーでそぐようにしてむく

玉ねぎは薄切りに、しめじは根元を切ってほぐす

調味料は全体にかける▲

オーブントースター

1 アルミホイルを広げる
鮭とそのほかの具材がのる大きさのアルミホイル（30cm四方）を4枚用意します。

2 鮭と野菜をのせる
2枚重ねにしたアルミホイルの中央に半量の玉ねぎを敷いて鮭を置き、鮭の上や周囲に半量のにんじん、しめじをバランスよく並べます。

3 合わせ調味料をかける
よく混ぜ合わせた合わせ調味料の半量を、全体にまんべんなくふりかけます。好みで、バター少々を上にのせてもよいでしょう。

4 アルミホイルを閉じてオーブントースターで焼く
約20分

両端と上の部分をしっかり閉じて包みます。もう1切れも同様に包みます。そのままオーブントースターに入れ、約20分間焼きます。

Step 2 洋食メニュー

丸ごと煮込んで ㉘

鶏肉のトマト煮

主菜

材料（2人分）

鶏手羽元（骨つき）
……………… 6本（300g）
塩・こしょう…………… 少々
ズッキーニ…… 1/2本（100g）
なす………………… 1本（80g）
セロリ………… 1/3本（35g）
パプリカ（赤・黄）
……………… 各1/4個（50g）
玉ねぎ………… 1/4個（50g）
にんにく……………… 1かけ
オリーブ油…………… 大さじ1
A ┌ トマト水煮（ホール・缶詰）
　│ ……………… 1/2缶（200g）
　│ 水………………… 1カップ
　│ コンソメ………… 小さじ1
　└ ローリエ…………… 1枚

このメニューに合わせるならコレ！

106 マカロニサラダ（P161）

108 ポテトサラダ（P162）

check
ローリエ

月桂樹の葉を乾燥させたものです。すっきりとした香りがあり、肉や魚の臭み消しに使われます。煮込み料理、カレー、ポトフ、マリネなどさまざまな料理に使えるので常備しておきましょう。

Step 2 みんな大好き 洋食メニュー

洋食 28
鶏肉のトマト煮

下準備

鶏手羽元は塩、こしょうをし、骨にそって切れ目を入れる。こうすると火の通りがよく、食べるとき身がほぐれやすい

ズッキーニ、なす、パプリカ、セロリは小さめの乱切りにし、玉ねぎは2cm角に切り、セロリの葉はみじん切りにする

にんにくは包丁で押すようにしてつぶす

両手鍋

1 鶏肉を焼く

フライパンにオリーブ油とにんにくを入れて熱し、にんにくの香りがたってきたら鶏肉を加え、表面を全体的に焼きつけます。

2〜3分

2 野菜を加えて炒める

ズッキーニ、なす、セロリ、パプリカ、玉ねぎを入れてさらに炒めます。

1〜2分

3 Aを加えて煮込む

油が全体に回ったらAを加え10〜15分ほど煮込みます。

できあがりの目安▲

10〜15分

4 盛りつける

器に盛り、セロリの葉を散らします。

Point!
なすは切ったら水にさらします。アクを取り、色が変わるのを防ぎます。鶏肉は手羽元のかわりに、手羽先を使ってもOK。骨つき肉を使うと骨からだしが出てスープのコクと旨みがアップします。

Step 2 洋食メニュー

コトコトじっくり㉙

ロールキャベツ

主菜

材料（2人分）

キャベツ･･････････大4枚
玉ねぎ･･････････1/4個（50g）

A
- 合いびき肉･･････････150g
- 卵･･････････1/2個（25g）
- ケチャップ･･････････大さじ2
- 塩・こしょう･･････････各少々

B
- 水･･････････1カップ
- コンソメ･･････････小さじ1
- バター･･････････小さじ1

このメニューに合わせるならコレ！

⑩⑤ ラタトゥイユ（P160）

⑩⑨ トマトサラダ（P162）

check
落としぶた

煮込み料理を作るときにのせる鍋より一回り小さいふたのことです。落としぶたをすると煮汁が全体にまんべんなく回り、味のむらがなくなるうえに、煮くずれも防げます。ない場合にはクッキングシートを使ってもOK。クッキングシートでつくる場合はひと回り大きくつくります。作り方は124ページ参照。

Step 2 みんな大好き 洋食メニュー

洋食 29
ロールキャベツ

[下準備]

キャベツはしんなりするまでゆでて芯をそぐ。芯は刻んで肉だねに入れる

玉ねぎはみじん切りにする。卵は溶いておく

フライパン(大)

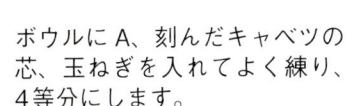

1 肉だねをつくる

ボウルにA、刻んだキャベツの芯、玉ねぎを入れてよく練り、4等分にします。

2 キャベツで肉だねを包む

ゆでたキャベツをまな板の上に広げ、①を乗せて包みます。下から3分の1程度のところにおき、1回巻き込んだあと、両端を真ん中に折り込み、さらに奥に巻き込むようにして包みます。

3 煮込む準備をする

鍋に②の巻き終わりを下にして入れ、Bを加えます。すき間ができた場合は余ったキャベツ（分量外）で埋めて、動かないようにして火にかけます。

4 落としぶたをして煮込む

落としぶたをして15〜20分煮込みます。

15〜20分

できあがりの目安▲

Step 2 洋食メニュー

まとめて作ってもOK ㉚

ピーマンの肉づめ

主菜

材料（2人分）

- ピーマン……4個(120g)
- 玉ねぎ……1/4個(50g)
- A
  - 合いびき肉……200g
  - ソース……大さじ2
  - パン粉……1/4カップ
  - 塩・こしょう……各少々
- 小麦粉……少々
- サラダ油……大さじ1
- ケチャップ……適量

check 合いびき肉

牛肉と豚肉を混ぜたものをミンチ状にしてひき肉にしたものです。牛肉に豚肉を加えて旨みを増しています。牛肉と豚肉の割合が違うと、味わいも少し異なります。おすすめは牛肉：豚肉が3：7。

このメニューに合わせるならコレ！

- 107 コールスロー（P161）
- 108 ポテトサラダ（P162）

Step 2 みんな大好き 洋食メニュー

洋食 30
ピーマンの肉づめ

下準備

ピーマンは半分に切ってへたと種を取っておく

玉ねぎはみじん切りにし、Aと準備しておく

フライパン(大)

1 肉だねをつくる
ボウルにA、玉ねぎを加えてよく混ぜ、8等分にします。

2 ピーマンの内側に小麦粉をふる
茶こしなどでピーマンの内側に小麦粉をふっておくと、焼いたときに肉がはがれにくくなります。

3 ピーマンに肉だねをつめる
肉だねは焼くと縮むので、中央が盛り上がるようにつめます。

4 ピーマンの肉側を焼く
フライパンにサラダ油を熱し、肉だねが下になるようにして焼きます。

🔥🔥🔥 1〜2分

5 裏返して蒸し焼きにする
焼き色がついたら裏返し、火を弱めてふたをし、水1/4カップ(分量外)を加えて蒸し焼きにします。竹串などで刺して、透明の肉汁が出てきたら中まで焼けています。

🔥 5〜6分

6 ソースをつくる
ピーマンを取り出して器に盛り、フライパンの肉汁にケチャップを加え、中火で熱してつくったソースをかけましょう。

🔥🔥🔥 30秒〜1分

Step 2 洋食メニュー

下味をつけて揚げる ㉛

鶏のからあげ

主菜

材料（2人分）

- 鶏もも肉……………1枚（200g）
- しょうが………………1/2かけ
- A [しょうゆ……………大さじ1
  酒………………………大さじ1]
- 片栗粉……………………適量
- 揚げ油……………………適量
- サラダ菜…………………4枚
- ミニトマト………………6個

このメニューに合わせるならコレ！
- ⑩④ 海藻と寒天のサラダ（P160）
- ⑩⑦ コールスロー（P161）

check
揚げ油の温度

からあげやとんかつは170～180度の油で揚げると中まで火がとおり、カラリときれいなきつね色に揚がります。最近は温度設定のできるコンロや揚げ物用の温度計などがありますが、ない場合は、パン粉を落としましょう。途中まで沈んで浮かんだら170～180度です。下まで沈んで浮いた場合は少し低く（約150度）、沈まない場合は高くなりすぎ（約200度）ています。肉や魚を揚げた油は臭いがつくので、熱いうちに市販の溶剤（14ページ）を使って処分しましょう。

Step 2 みんな大好き 洋食メニュー

洋食 31
鶏のからあげ

下準備

しょうがをすりおろしてしょうが汁をAに合わせる（合わせ調味料）

一口大に切った鶏肉を合わせ調味料につけて10分ほどおく

サラダ菜とミニトマトを準備しておく

フライパン(小)

1 鶏肉に片栗粉をまぶす
ポリ袋などに片栗粉を入れ、ペーパータオルで汁気をふいた鶏肉を加え、全体に片栗粉をまぶします。

2 揚げ油を熱して鶏肉を入れる
油の温度が170〜180度くらいになったら、余分な粉をはらった①を入れます。

3〜4分

3 火がとおるまで揚げる
さいばしで上下を返しながら中に火がとおるまで揚げます。きつね色になり、さいばしを刺したときスッとおおればOKです。

3〜5分

4 盛りつける
バットにペーパータオルを敷いた上にとり、油をきって器に盛り、サラダ菜とミニトマトを添えます。

油はねに気をつけよう▲

できあがりの目安▲

Point!
油はかぶるくらいの量で。揚げるときに一度にたくさん入れると、油の温度が下がってしまってきれいに揚がりません。少量（3〜4個）ずつ入れるようにしましょう。

Step 2 洋食メニュー

冷凍より揚げるのが簡単 32

コロッケ

主菜

材料（2人分）

- じゃがいも……3個（400g）
- 牛ひき肉……100g
- 玉ねぎ……1/2個（100g）
- サラダ油……大さじ1
- 塩・こしょう……各少々
- 衣
  - 小麦粉……適量
  - 溶き卵……適量
  - パン粉……適量
- 揚げ油……適量
- サニーレタス……2枚
- ウスターソース……大さじ1

このメニューに合わせるならコレ！

- 23 ミネストローネ（P66）
- 105 ラタトゥイユ（P160）

check
サニーレタス

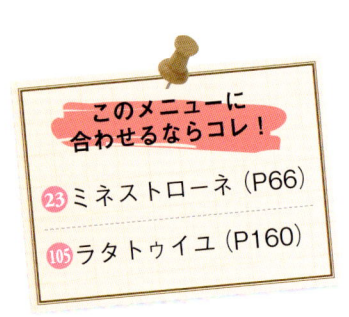

結球しない（丸くならない）レタスの一種です。ふつうのレタスより緑色が濃く、葉先が紫色になっていて、βカロテン、ビタミンCなどのビタミンを多く含んでいます。なかでも免疫力を高めるβカロテンはふつうのレタスの8倍以上で非常に豊富です。

Step 2 みんな大好き 洋食メニュー

洋食 32 コロッケ

[下準備]

- 玉ねぎはみじん切りにする
- 衣を準備しておく
- サニーレタスは1枚を2〜3枚にちぎる

鍋 ▶ フライパン(小)

1 じゃがいもをゆでてつぶす （15〜20分）

鍋に皮つきのじゃがいもとかぶるくらいの水を入れ、水からゆでます。沸騰後、弱火にし15〜20分たって竹串がすっととおったらざるにあけます。水気をとばし、皮をむいてボウルに入れめん棒であらくつぶします。

2 玉ねぎとひき肉を炒める （3〜5分）

フライパンに油を熱し、玉ねぎをしんなりするまで炒め、ひき肉を加えて色が変わるまで炒め、火を止めてあら熱をとります。

3 じゃがいもと具を混ぜて形づくる

①のボウルに②、塩、こしょうを入れて木ベラでよく混ぜ、4等分にして、形づくります。

4 衣をつける

③に小麦粉、溶き卵、パン粉の順で衣をつけます。

5 揚げる （2〜3分）

油の温度が180〜190度になったら④を入れ、2〜3分きつね色になるまで揚げて油をきります。

できあがりの目安▲

サクッと揚げたい (33)

とんかつ

主菜

材料（2人分）

豚肉（とんかつ用）……………………2枚（300g）
塩・こしょう……………各少々
衣 小麦粉……………………適量
衣 溶き卵……………………適量
衣 パン粉……………………適量
揚げ油………………………適量
キャベツ…………2枚（100g）
とんかつソース……………適量

check
とんかつ用の豚肉

スーパーなどでは「とんかつ用」の豚肉がパック売りされています。ロース、肩ロース、もも肉などがとんかつに向いています（写真はロース）。そのまま加熱すると、肉が反り返ってしまうので、下準備のときに脂身と赤身の境目にある筋を切っておきます。

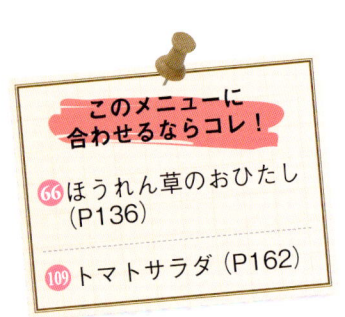

このメニューに合わせるならコレ！

(66) ほうれん草のおひたし（P136）

(109) トマトサラダ（P162）

Step 2 みんな大好き 洋食メニュー

洋食 33 とんかつ

[下準備]

豚肉は筋を切って塩、こしょうする。脂のところに筋があるので脂の部分にも切れ込みを入れる

衣の準備をしておく

キャベツは千切りにする

フライパン(小)

1 豚肉に衣をつける

下準備した豚肉に、小麦粉、卵、パン粉の順に衣をつけます（衣のつけ方は85ページ参照）。

2 揚げ油を熱して豚肉を入れる

油の温度が170～180度になったら①を入れます。1枚ずつ揚げたほうがきれいに揚がります。

2～3分

3 火がとおるまで揚げる

表裏を返しながら、濃いきつね色になり、中に火がとおるまで揚げます。

約5分

4 盛りつける

バットにペーパータオルを敷いた上にとり、油をきったあと、まな板の上で食べやすい大きさに切り、器に盛ってキャベツとソースを添えます。

Step 2 洋食メニュー

とろけたチーズが香ばしい ㉞

グラタン

主菜

材料（2人分）

マカロニ(乾燥)……60g	バター……大さじ1
塩……適量	小麦粉……大さじ2
ブロッコリー…1/2個(120g)	牛乳……1カップ
鶏もも肉……1枚(200g)	コンソメ……小さじ1
マッシュルーム…6個(90g)	ピザ用チーズ……50g
玉ねぎ……1/2個(100g)	

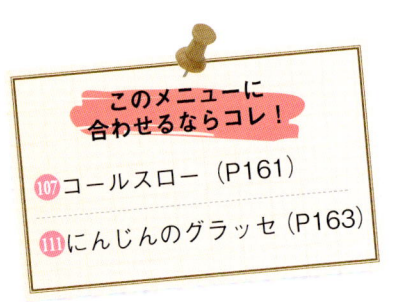

このメニューに合わせるならコレ！

- 107 コールスロー（P161）
- 111 にんじんのグラッセ（P163）

check マッシュルーム

丸くころころしたきのこ。ホワイトマッシュルームとブラウンマッシュルームがあります。どちらを使ってもOKです。切って空気にふれた部分が赤く変色するので、調理する直前に切りましょう。

Step 2 みんな大好き 洋食メニュー

洋食 34 グラタン

下準備

鶏もも肉は一口大に切る

玉ねぎは薄切りに、ブロッコリーは小房に分け、マッシュルームは4等分にする

片手鍋 ▶ オーブントースター

マカロニといっしょにゆでる▲

1 マカロニとブロッコリーをゆでる

表示されている時間

マカロニは商品によってゆで時間が違うので、表示どおりにゆでます。ゆで時間が残り1分半になったらブロッコリーを加えていっしょにゆでます。

2 鶏肉と玉ねぎを炒める

3〜5分

フライパンにバターを熱し、鶏もも肉を皮目が下になるように加え、焼き色がついたら玉ねぎを加えてさらに炒め合わせます。

3 牛乳を加えて煮込む

3〜5分

玉ねぎがしんなりとしたらマッシュルームを加えて炒め、小麦粉をふり入れて焦がさないようになじませ、牛乳とコンソメを加えて煮込みます。

とろみの程度はこのくらい▲

4 チーズをのせて焼く

230〜250度
5〜10分

とろみがついたら①を加え混ぜ、耐熱皿に移し、チーズをのせて、オーブントースター（またはオーブン）で焼き色がつくまで焼きます。

赤ワインでコクを出す

35 ビーフシチュー

主菜

材料（2人分）

牛肉（カレー・シチュー用）……150g
塩・こしょう……各少々
じゃがいも……1個（150g）
にんじん……1/2本（100g）
玉ねぎ……1/2個（100g）
A 水……2カップ
A 赤ワイン……1/4カップ
A トマトケチャップ…大さじ1
A ローリエ……1枚
デミグラスソース（市販）……145g
サラダ油……大さじ1
塩・こしょう……各少々

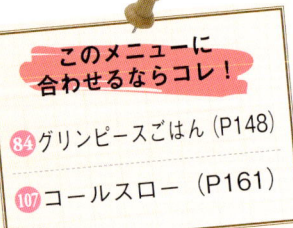

このメニューに合わせるならコレ！

84 グリンピースごはん（P148）
107 コールスロー（P161）

check
デミグラスソース

ドミグラスソースとも呼ばれます。西洋料理に使われる基本のソースのひとつ。褐色で濃厚な味わいです。手作りすると手間がかかるので、市販品を利用しましょう。小分けになっているものが便利です。

Step 2 みんな大好き 洋食メニュー

洋食 35 ビーフシチュー

[下準備]

牛肉は一口大に切って塩、こしょうする

にんじんは乱切りに、玉ねぎはくし形切りにする

じゃがいもは一口大に切って水にさらす（煮くずれるのを防ぐため）

両手鍋

1 牛肉・玉ねぎ・にんじんを炒める

鍋にサラダ油を熱し、牛肉の表面に焼き色をつけます。肉の色が変わったら玉ねぎ、にんじんを加えてさらに炒めます。

2 Aを加えて煮込む
3〜5分

①にAを加えて強火にかけ、煮たったら火を弱め、アク取りでアクを取り、ふたをして約10分煮込みます。

3 デミグラスソースとじゃがいもを加える
約5分 ▶ 約10分

デミグラスソース、じゃがいもを加え混ぜ、ふたをして弱火でさらに20分煮込みます。

4 味を調える
20分

最後に塩、こしょうで味を調えます。

できあがりの目安▲

Point!
赤ワインは渋みや酸味が強くない1000〜2000円くらいのものがおすすめです。残ったものは料理といっしょに飲んでもOK。

Step 2 洋食メニュー

香味野菜をプラスして ㊱

カレー

主食 主菜

材料（2人分）

豚肉（カレー・シチュー用）
………………………… 150g
塩・こしょう………… 各少々
じゃがいも……… 1個（150g）
にんじん……… 1/2本（100g）
玉ねぎ………… 1/2個（100g）
しょうが…………… 1/2かけ
にんにく……………… 1かけ
水…………… 2と1/2カップ
カレールウ… 2人分（約40g）
サラダ油…………… 大さじ1
ごはん……… 2人分（約400g）

このメニューに合わせるならコレ！

㉑ ゆで卵（P62）

⑩⑨ トマトサラダ（P162）

check
香味野菜

にんにく、しょうがなどは香りづけに使われるため香味野菜とも呼ばれます（181ページ参照）。料理に少し加えるだけで味に深みが出るのでカレー以外にも活用しましょう。

Step 2 みんな大好き 洋食メニュー

洋食 36 カレー

［下準備］

豚肉は一口大に切って塩、こしょうをふる

じゃがいもは一口大に切って水にさらし、にんじんは乱切りに、玉ねぎはくし形切りにする

しょうがとにんにくはみじん切りにする

両手鍋

1　にんにくとしょうがを炒める

鍋にサラダ油を熱し、にんにくとしょうがを炒めます。焦がさないように火加減には注意しましょう。

約1分

2　肉と野菜を炒める

にんにくとしょうがの香りが出てきたら肉を加えて炒め、肉の色が変わったらじゃがいも、にんじん、玉ねぎを加えて炒めます。

3～5分

3　水を加えて煮込む

全体に油が回ったら水を加え、アクを取りながら煮込みます。途中、アク取りを水につけながら取るときれいに取れます。

アクを取る▲

10～15分

4　カレールウを加える

野菜がやわらかくなったら火を止めてカレールウを加え、混ぜながら溶かし、さらに5分ほど煮込みます。

約5分

5　盛りつける

とろみがついたら器にごはんをよそい、④をかけます。

できあがりの目安▲

93

Step 2 洋食メニュー

ふわふわとろり ㊲

オムライス

主食　主菜

材料（2人分）

ごはん	2杯分（約400g）
鶏もも肉	1/2枚（100g）
塩・こしょう	少々
玉ねぎ	1/4個（50g）
マッシュルーム	2〜4個（50g）
グリンピース（冷凍）	大さじ2
バター	大さじ1
ケチャップ	大さじ2
塩・こしょう	少々

オムレツ
卵	4個
牛乳	大さじ2
塩・こしょう	各少々
バター	大さじ1

パセリ	適量
ミニトマト	6個
ケチャップ	適量

このメニューに合わせるならコレ！

⑭ コーンポタージュ（P165）

㉑ モロヘイヤのスープ（P168）

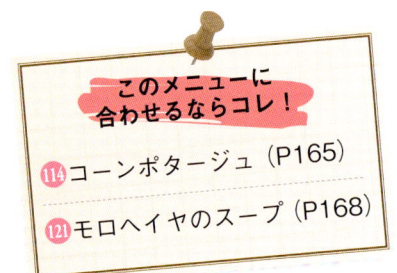

check
ふわふわオムライス

ポイントになるのが半熟のオムレツです。これが上手にできればふわふわ感はばっちり。火のとおし方はお好みになりますが、半熟の加減でとろとろ感が変わります。

Step 2 みんな大好き 洋食メニュー

洋食 37 オムライス

[下準備]

鶏肉は2〜3cm程度にこまかく切り、塩、こしょうをしておく

マッシュルームは薄切りにし、玉ねぎはみじん切りにする

パセリとミニトマトを準備しておく

フライパン(大)

1 鶏肉と玉ねぎとマッシュルームを炒める
3〜5分

フライパンにバターを熱し、玉ねぎを炒めます。玉ねぎがすきとおってきたら鶏肉を加え、鶏肉の色が変わったらマッシュルームを加えて炒め合わせます。

2 ごはんを加えて炒める
1〜2分

①にグリンピース、ごはんを加えてさらに炒め合わせ、ケチャップ、塩、こしょうで味を調えて器に盛りつけます。

3 卵液をつくる

卵を割りほぐし、牛乳を加え、塩、こしょうして卵液を準備します。フライパンを洗って温め、半量のバターを溶かして半量の卵液を流し込みます。

4 オムレツを半熟状に焼く
1〜2分

さいばしでかき混ぜながら、卵液を奥のほうに押しやり、全体を返し、半熟状のオムレツをつくります。

5 盛りつける

②の上に④をのせ、パセリとミニトマトを添えましょう。食べる直前に真ん中をナイフで切って左右に開き、ケチャップを全体にかけます。③〜⑤をくり返してもうひとつつくりましょう。

Step 2 洋食メニュー

ささっと短時間でできる ㊳ ドリア

主食　主菜

材料（2人分）

- ごはん……2人分（約300g）
- 牛ひき肉……150g
- 玉ねぎ……1/2個（100g）
- なす……1本（80g）
- バター……大さじ1
- A
  - トマト水煮（ホール・缶詰）……1/2缶（200g）
  - コンソメ……小さじ1/2
  - ケチャップ……大さじ1
- ウスターソース……大さじ1
- 塩・こしょう……各少々
- ピザ用チーズ……50g

このメニューに合わせるならコレ！

- 107 コールスロー（P161）
- 114 コーンポタージュ（P165）

check　ピザ用チーズ

とろけるタイプのチーズならなんでも大丈夫です。こま切れになっているもののほかに、シート状になっているものもあります。量や味もいろいろ違うので好みのものを探しましょう。

Step 2 みんな大好き 洋食メニュー

洋食 38 ドリア

[下準備]

玉ねぎはみじん切りにする

なすは半月切りにして水にさらす

フライパン ▶ オーブン（オーブントースター）

1 肉と野菜を炒める
3〜5分

フライパンにバターを熱し、玉ねぎを炒めます。玉ねぎがしんなりとしたら牛ひき肉を加え、肉の色が変わったら水気をきったなすを加えて炒め合わせます。

2 Aを加えて煮込む
5〜8分

①にAを加え、木ベラでトマトをつぶす。汁気がほとんどなくなるまで煮込み、ウスターソース、塩、こしょうで味を調えます。

なすがしんなりしたらトマトを加える▲

3 耐熱皿に盛りつける

耐熱皿にごはんを敷き②を全体にかけ、ピザ用チーズをまんべんなくのせます。

4 オーブンで焼く
230〜250度
5〜10分

③をオーブンに入れて焦げ目がつくまで5〜10分ほど焼きます。オーブントースターの場合は10分ほど焼きます。

Step 2 洋食メニュー

手軽な本格イタリアン ㊴ チーズリゾット

主食

材料（2人分）

- 米 ………………… 1合
- 玉ねぎ …………… 1/8個（25g）
- しめじ …………… 1/4パック
- エリンギ ………… 1本
- マッシュルーム（生）
  ………………… 2〜4個（50g）
- バター …………… 大さじ2
- ローリエ ………… 1枚
- A [熱湯 …… 2と1/2カップ
      コンソメ ………… 小さじ1]
- 生クリーム ……… 1/4カップ
- 粉チーズ ………… 40g
- パセリ …………… 適宜

このメニューに合わせるならコレ！

- ㉓ ミネストローネ（P66）
- ⑩⑤ ラタトゥイユ（P160）

check
リゾット

イタリア料理の代表メニューです。米をバターや油で炒めてから、コンソメやブイヨンで煮込んだものです。日本の雑炊やおかゆと違い、少し芯が残るアルデンテの食感がポイントです。

Step 2 みんな大好き 洋食メニュー

洋食 39 チーズリゾット

下準備

米は洗わずそのまま使う。米ぬかが気になる人は無洗米を使うとよい

玉ねぎとパセリはみじん切りにする

しめじは根本を切ってほぐし、エリンギは短冊切りに、マッシュルームは薄切りにする

コンソメは熱湯で溶いておく（A）

フライパン（大）

1 玉ねぎを炒める

フライパンにバターを溶かし、玉ねぎをすきとおるまで、中火でじっくり炒めます。

2〜3分

2 きのこと米を炒める

しめじ、エリンギ、マッシュルーム、米を加え、米が半透明になるまで炒めます。

約5分

3 Aを加えて煮込む

②にローリエ、Aの一部（1と1/2カップ）を加えて煮たて、弱火にして20分ほど煮込みます。水分が少なくなったらAの残りを少しずつ加えながら煮ます。

1〜2分 ▶ 20分

4 生クリームと粉チーズを加える

米がやわらかくなったら生クリームと粉チーズを加えてなじませます。

1〜2分

5 盛りつける

④を器に盛り、パセリを散らします。

生クリームと粉チーズを加える目安▲

Step 2 洋食メニュー

こしょうを効かせて ㊵

カルボナーラ

主食　主菜

材料（2人分）

- フェットチーネ(乾燥)…150g
- 塩…………………適量
- ベーコン(ブロック)…80g
- 卵……………………2個
- A
  - 粉チーズ………大さじ2
  - 生クリーム……大さじ2
  - 粗びきこしょう……少々
  - ナツメグ…………少々
- オリーブ油………大さじ1
- 粗びきこしょう………少々

このメニューに合わせるならコレ！

- 105 ラタトゥイユ (P160)
- 109 トマトサラダ (P162)

check フェットチーネ

パスタの一種。ひらべったいきしめんのようなパスタです。ソースがからみやすいのでカルボナーラにおすすめ。手に入らない場合はふつうのパスタでも同じようにつくれます（分量は同じ）。

Step 2 みんな大好き 洋食メニュー

洋食 40 カルボナーラ

[下準備]

ベーコンは拍子木切りにする。できればブロック状のほうが味がよい。手に入らない場合は薄切りのものでもよい

割りほぐした卵にAを入れてよく混ぜ、卵液を準備しておく

両手鍋 ▶ フライパン

1 フェットチーネをゆでる
フェットチーネは商品によってゆで時間が違うので、表示どおりゆでます。

🔥🔥🔥 表示されている時間

2 ベーコンを炒める
フライパンにオリーブ油を熱し、ベーコンをカリカリになるまで炒めます。

🔥🔥🔥 1〜2分

3 フェットチーネを加える
ゆでて水気をきったフェットチーネを加えてよくあえます。

🔥🔥🔥 約30秒

4 卵液を加える
火を止めて卵液を加え、さいばしで手早く混ぜます。余熱で卵液にとろみがつきます。このとき手間取ると卵がダマ(かたまり)になるので注意しましょう。

5 盛りつける
④を器に盛り、粗びきこしょうを全体にふります。

余熱で半熟状にする▲

ココを押さえればお料理上手 その❻
めんの上手なゆで方

ゆで時間や水の量は商品によって多少異なりますが、たっぷりの水でゆでる、ときどき混ぜるなど基本的なことは変わりません。スパゲッティと中華めんのゆで方を紹介します。

中華めん（生めん）のゆで方

1. 沸騰させたたっぷりの湯にめんをほぐしながら入れる

2. さいばしでときどき混ぜながら、表示されている時間ゆでる

3. 温かいめんにする場合は水気をきって汁に入れ、冷たいめんにする場合は流水でぬめりがとれるまで洗う

スパゲッティ（乾めん）のゆで方

1. 両手鍋に塩を加えたたっぷりの湯（2人分だと水2ℓに塩20gが目安）を用意する。塩の分量は多すぎても少なすぎてもNG

2. めんが重ならないよう放射状に入れる。下の部分がやわらかくなったら混ぜながら上の部分も湯に沈める

3. めんがくっつかないように、さいばしでときどき混ぜながら、表示されている時間ゆでる

コラム　乾めんと生めんの違い！

　めん類には乾燥させて長期間の保存が可能な「乾めん」、加工していないため1～2週間しか日持ちしないが味や食感のよい「生めん」、乾めんの保存性と生めんの味や食感などいいとこどりをした「半生めん」があります。

　種類によって違いますが、スパゲッティ（乾めん）は開封しても賞味期限まで（2～3年）常温保存が可能です。生めんや半生めんは開封したらその日に食べきります。余った場合は冷凍保存しましょう。

Step3 ワールドワイドにアジアメニュー

Step 3 アジアメニュー

色合わせがキレイ ㊶

三色ナムル

副菜

材料（2人分）
- もやし………………100g
- にら…………………100g
- にんじん……………50g
- ごま油………………小さじ1/2

合わせ調味料
- 塩……………………小さじ1/2
- 鶏がらスープの素……………小さじ1/2
- すりごま……………大さじ4
- ごま油………………大さじ1

このメニューに合わせるならコレ！
- ㊷ 豚の角煮（P127）
- ㊺ 蒸し鶏（P129）

check
ナムル

韓国の家庭料理のひとつです。野菜などをゆでたり、炒めたり、蒸したりしたものを調味料であえたものを指します。ナムルにはほかにほうれん草、大根、キャベツ、小松菜などいろいろな野菜が利用されます。韓国ではナムルの味で料理の腕がわかると言われるほどです。

Step 3 ワールドワイドに アジアメニュー

アジア/41 三色ナムル

下準備

もやしはひげ根を取ってゆで、ざるにあけて水気をきる

にらはバラバラにならないよう輪ゴムで根元をしばってさっとゆで、水気をしぼり3㎝長さに切る。もやしのあとにゆでるとよい

にんじんは千切りにする

フライパン

1 にんじんを炒める
フライパンにごま油を熱し、にんじんを炒めます。

1〜2分

2 合わせ調味料を混ぜる
ボウルに合わせ調味料の材料を混ぜ合わせます。

3 それぞれあえる
もやし、にら、にんじんをそれぞれ別のボウルで合わせ調味料の3分の1量であえます。

それぞれ別のボウルであえる▲

Point!
2〜3日は日持ちするのでまとめてつくって冷蔵庫に保存しておくと便利です。野菜が足りないときにおすすめ。長ねぎやにんにくのみじん切りを加えると味に深みが出ます。

自家製たれでいただく

(42)

バンバンジー

副菜

材料（2人分）

鶏むね肉	1枚（100g）
塩・こしょう	少々
酒	小さじ2
長ねぎ（青い部分）	適量
しょうが（薄切り）	適量
きゅうり	1本（100g）
トマト	1個（150g）
たれ　ポン酢しょうゆ	大さじ1
たれ　練りごま	大さじ1/2
たれ　トウバンジャン	少々
蒸し汁	大さじ2

このメニューに合わせるならコレ！

95 チヂミ （P154）

100 なすのみそ炒め （P158）

check

トウバンジャン

漢字では豆板醤。中華料理、特にピリ辛な四川料理には欠かせない調味料です。麻婆豆腐やえびチリなどにも使われます。豆みそにとうがらしを加えて発酵させたもので、辛さはメーカーによって異なります。

Step 3 ワールドワイドに アジアメニュー

アジア 42 バンバンジー

下準備

長ねぎは青い部分を用意してよく洗う。白い粉のようなものが取れなくても自然についているので気にしなくてOK

しょうがは5〜6枚の薄切りにする

きゅうりは太めの千切りに、トマトは5mm幅に切る

電子レンジ

1 耐熱皿に鶏肉を入れる

耐熱皿に鶏むね肉をのせ、塩、こしょうをふり、その上に長ねぎとしょうがを乗せ、酒を回しかけ、ラップをします。

2 鶏肉を電子レンジで蒸す

電子レンジで7分ほど加熱し、取り出してラップをかけたまま蒸らします。あら熱がとれたらそぎ切りにします。たれ用に蒸し汁（大さじ2）をとっておきます。

3 たれを合わせる

混ぜ合わせたたれに、蒸し汁（大さじ2）を加えてよく混ぜます。

4 盛りつける

器にトマトときゅうりをのせ、②を盛りつけ、たれをかけます。

たれに蒸し汁を加える▲

Point!
鶏肉は電子レンジで蒸すと手間もかからず楽ちんです。長ねぎやしょうがといっしょに蒸すと香りがうつり、肉の臭みが消えます。

Step 3 アジアメニュー

皮はパリッ中からジュワッ ㊸

焼きぎょうざ

主菜

材料（2人分）

- キャベツ……… 5枚（250g）
- にら ………… 1/2束（50g）
- 豚ひき肉 ………………… 100g
- A
  - ごま油 ………… 小さじ1/2
  - しょうゆ ……… 小さじ1/2
  - 酒 ………………… 小さじ2
  - 塩・こしょう ………… 少々
- ぎょうざの皮
  - …………… 1袋（24枚程度）
- 片栗粉 ………………… 適量
- サラダ油 ……… 大さじ1/2
- ごま油 ………… 小さじ2
- しょうゆ・酢・ラー油
  - ………………… 各適量

このメニューに合わせるならコレ！

- ㉚ かきたま汁（P141）
- ⑫⓪ あさりの中華風スープ（P168）

ぎょうざをつくるとき、下に片栗粉を敷いておくと、容器にくっつかず、焼いたときにパリッと仕上がります。

check
ぎょうざの皮

市販のぎょうざの皮を選ぶときには、大きさに注意しましょう。大きすぎると具が足りなくなります。レシピでは直径8〜9㎝のものを使いました。

Step 3 ワールドワイドに アジアメニュー

アジア 43 焼きぎょうざ

[下準備]

キャベツはゆでて刻み、水気をしぼる

にらは刻む

フライパン(大)

1 ボウルで肉だねをつくる

ボウルに豚ひき肉、キャベツ、にら、Aを入れて、粘りが出るまで混ぜます。肉だねを8等分にして、その1つから3個つくるようにするとちょうど24個分になります。

2 肉だねを皮で包む

ぎょうざの皮に①をのせ、周囲に水をつけ、皮のひだを寄せながら包みます。包んだぎょうざは、片栗粉を敷いたバットなどにならべます。

3 ②を蒸し焼きにする

フライパンにサラダ油を熱し、②を並べて焼き目をつけます。1分ほどしたらぎょうざの高さの1/3まで熱湯(分量外)を注ぎ、ふたをして中火で3〜5分蒸し焼きにします。

約1分 ▶ 3〜5分

4 ごま油を回しかける

水気がなくなったらふたを取り、ごま油をぎょうざの上からまんべんなく回しかけて、パリッと香ばしく焼きあげます。

1〜2分

5 たれを添える

しょうゆ、酢、ラー油を合わせたたれにつけていただきます。

Step 3 アジアメニュー

プリプリの食感がうれしい ㊹ えびチリ

主菜

材料（2人分）

- えび……… 中14尾（200g）
- 酒……………… 大さじ1/2
- 塩………………………… 少々
- 長ねぎ……………… 1/2本
- しょうが…………… 1/2かけ
- にんにく……………… 1かけ

合わせ調味料
- ［鶏がらスープの素
- ……………… 小さじ1/2
- 水……………… 1/3カップ
- ケチャップ………… 大さじ2
- 酢………………… 大さじ1
- 砂糖……………… 大さじ1/2
- しょうゆ………… 小さじ1 ］
- サラダ油………… 大さじ1
- トウバンジャン… 小さじ1/2
- 片栗粉…………… 大さじ1/2

このメニューに合わせるならコレ！
- ㊶ 三色ナムル（P104）
- ⑫⑴ モロヘイヤのスープ（P168）

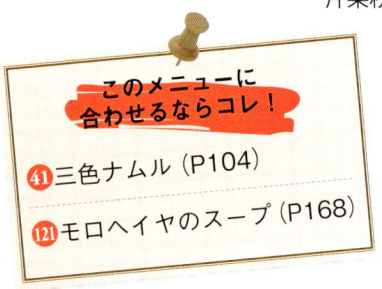

check えびの背わた

えびの背中にある黒い筋のようなものは、えびの腸（内臓）です。口当たりが悪く、苦みが出ることもあるので取っておきます。背中に切れ込みを入れ、包丁の刃先でこそぐようにして取ります。冷凍もので頭がないものなど、背わたが取ってある（黒い筋がない）場合は気にしなくても大丈夫です。

Step 3 ワールドワイドに アジアメニュー

アジア 44 えびチリ

下準備

- えびは殻をむいて背わたを取り、酒と塩をふる
- 長ねぎ、しょうが、にんにくはみじん切りにしておく 
- 片栗粉は同量の水で溶いておく

フライパン(大)

1 薬味を炒める (1〜2分)

フライパンにサラダ油としょうが、にんにくを入れて熱し、香りがたってきたら長ねぎとトウバンジャンを加え、さらに炒め合わせます。

2 えびを炒める (1〜2分)

下準備したえびを加えて炒めます。加熱しすぎるとえびがかたくなるので、手早く炒めましょう。

3 合わせ調味料を加える (1〜2分)

えびの色が変わったら、混ぜ合わせておいた合わせ調味料を加えて煮たたせます。

4 水溶き片栗粉でとろみをつける (10〜20秒)

水溶き片栗粉を回し入れて、とろみをつけます。水溶き片栗粉は加える直前にもう一度よく混ぜてから入れないとダマになってしまいます。

できあがりの目安▲

Step 3 アジアメニュー

身近な調味料で簡単に ㊺

酢豚

主菜

材料（2人分）

- 豚バラ肉（ブロック）……100g
- A
  - 酒……………大さじ1/2
  - しょうゆ………大さじ1/2
  - 片栗粉…………大さじ2
- たけのこ（水煮）………100g
- にんじん………1/2本（90g）
- ピーマン…………1個（30g）
- 玉ねぎ………1/2個（100g）
- 合わせ調味料
  - 鶏がらスープの素…………小さじ1/3
  - 水………………1/2カップ
  - 酢………………大さじ1
  - 砂糖……………大さじ1
  - しょうゆ……大さじ1と1/2
  - 片栗粉…………大さじ1/2
- サラダ油…………大さじ1
- 揚げ油………………適宜

このメニューに合わせるならコレ！
- ⑫ あさりの中華風スープ（P168）
- ⑫ モロヘイヤのスープ（P168）

check たけのこ

生のものは春の一時期にしか出回らない、旬を感じさせる野菜です。生のたけのこは下ゆでしてから使うので手間がかかります。水煮されたものが市販されているのでそれを使ってもOKです。

Step 3 ワールドワイドに アジアメニュー

アジア 45 酢豚

下準備

豚バラ肉は一口大に切ってAで下味をつける

たけのこ、にんじん、ピーマンは乱切りに、玉ねぎはくし形切りを半分にする

野菜の水気はペーパータオルでふいておく

フライパン（小→大）

1 玉ねぎ、たけのこ、ピーマンを揚げる
1〜2分

フライパン小で150〜160度に熱した油で玉ねぎ、たけのこ、ピーマンを1〜2分素揚げして油をきります。

2 にんじんを揚げる
2〜3分

①と同様ににんじんを2〜3分素揚げして油をきります。

3 豚肉を揚げる
4〜5分

170〜180度の油で豚肉を揚げて油をきります。

4 合わせ調味料を火にかける
3〜5分

フライパン大に合わせ調味料を軽く煮たたせます。合わせ調味料は火にかける直前によく混ぜ合わせておかないとダマになるので注意しましょう。

5 豚肉と野菜を加える
30秒〜1分

④に素揚げした豚肉と野菜を加え、調味料をからませるようにして混ぜ合わせます。

できあがりの目安▲

約1分

Step 3 アジアメニュー

ピリ辛程度はお好みで ㊻

麻婆豆腐

主菜

材料（2人分）

- 木綿豆腐 …… 1丁（300g）
- 豚ひき肉 …… 100g
- 長ねぎ …… 1/4本（25g）
- しょうが …… 1/2かけ
- にら …… 1/4束（25g）
- サラダ油 …… 大さじ1/2
- トウバンジャン …… 小さじ1/2
- トウチ …… 小さじ1/2

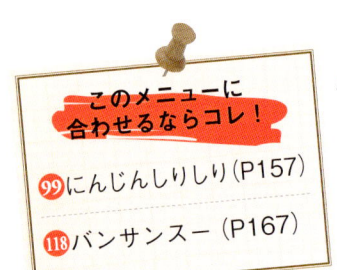

合わせ調味料
- 鶏がらスープの素 …… ひとつまみ
- 水 …… 1/2カップ
- オイスターソース …… 大さじ1
- テンメンジャン …… 大さじ1/2
- しょうゆ …… 大さじ1/2
- 酒 …… 大さじ2
- 砂糖 …… 大さじ1/2

- 片栗粉 …… 小さじ1

＊好みで山椒をふりかけてもよい

このメニューに合わせるならコレ！
- ㊹ にんじんしりしり（P157）
- ⑱ バンサンスー（P167）

check
中華料理の調味料

料理にコクや香りをつけるトウチ、甘いみそのような風味があり回鍋肉などに使われるテンメンジャン、牡蠣の旨みがぎゅっと凝縮しているオイスターソースなどは、中華料理には欠かせない調味料です。漢字ではトウチ（豆豉）、テンメンジャン（甜麺醤）、オイスターソース（牡蠣油）となります。

Step 3 ワールドワイドに アジアメニュー

アジア 46 麻婆豆腐

下準備

豆腐は大きめに切り、沸騰した湯で1〜2分ゆでてざるにあけ、水気をきっておく

長ねぎ、しょうがはみじん切りに、にらは粗みじんに切る

トウチはあらく刻み、合わせ調味料と混ぜておく(A)。トウバンジャンは別にしておく。辛めが好きな人は少し増やしてもよい

片栗粉は同量の水で溶いておく（加える直前にも混ぜる）

フライパン(大)

① 豚ひき肉を炒める

フライパンにサラダ油を熱し、しょうがと長ねぎを炒め、香りがたってきたら豚ひき肉を加えてパラパラになるまで炒めます。

ひき肉がパラパラになるまで▲

🔥🔥 2〜3分

② 調味料を加える

トウバンジャンを加え炒め、下準備のAを加えてなじませます。

🔥 1〜2分

③ 豆腐を加える

下準備した豆腐を、②に加えて煮たたせます。豆腐をくずさないようそっと混ぜましょう。

🔥 1〜2分

④ 水溶き片栗粉を加える

水溶き片栗粉を回し入れてとろみをつけ、にらを加えひと煮します。水溶き片栗粉は加える直前によく混ぜておかないとダマ（かたまり）になってしまいます。

🔥 30秒〜1分

できあがりの目安▲

Step 3 アジアメニュー

夏バテ解消におすすめ ㊼

ゴーヤチャンプルー

主菜

材料（2人分）

ゴーヤ	1/2本（100g）
パプリカ（赤）	1/8個（15g）
厚揚げ	1枚（200g）
塩	少々
サラダ油	大さじ1
酒	大さじ1/2
しょうゆ	小さじ1/2
かつお節	適量

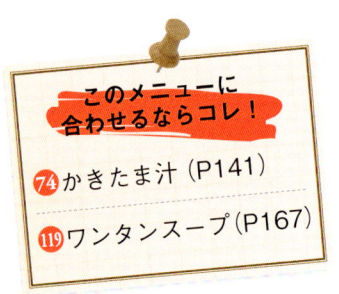

このメニューに合わせるならコレ！

- ㉞ かきたま汁（P141）
- ⑲ ワンタンスープ（P167）

check ゴーヤ

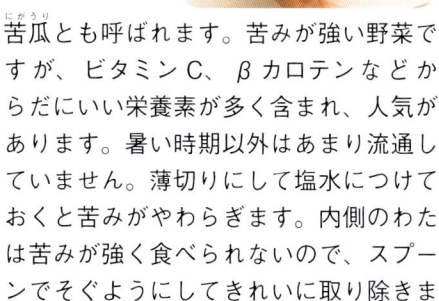

苦瓜（にがうり）とも呼ばれます。苦みが強い野菜ですが、ビタミンC、βカロテンなどからだにいい栄養素が多く含まれ、人気があります。暑い時期以外はあまり流通していません。薄切りにして塩水につけておくと苦みがやわらぎます。内側のわたは苦みが強く食べられないので、スプーンでそぐようにしてきれいに取り除きます。ゴーヤが余った場合、薄切りにして塩でもんで冷凍しておくと便利です。

Step 3 ワールドワイドに アジアメニュー

アジア 47
ゴーヤチャンプルー

[下準備]

ゴーヤは半分に切ってわたを取り、薄切りにして塩水に5分つけておく

パプリカは種を取って横の薄切りにする

厚揚げは1cm厚さの一口大に切る

フライパン(大)

1 厚揚げを焼く
フライパンにサラダ油の半量を入れて熱し、厚揚げの両面に焼き目をつけて塩をふり、いったん取り出します。

🔥 1〜2分

2 ゴーヤとパプリカを炒める
フライパンに残りのサラダ油を入れて熱し、ゴーヤ、パプリカを加えて炒めます。油が回ったら塩をふり、しんなりするまで炒めましょう。

🔥 1〜2分

3 厚揚げを戻す
②に①を戻し、しょうゆ、酒を回し入れて全体になじませます。

🔥 30秒〜1分

4 盛りつける
器に盛り、かつお節をのせたらできあがり。

▲ 厚揚げを戻して調味料を加える

Point!
厚揚げを別に焼くのは焼き目をつけたほうが香ばしく、おいしいから。また、焼くことでかたくなるので、くずれにくくなります。

Step 3 アジアメニュー

ときにはエスニック気分 ㊽

生春巻き

主菜

材料（2人分）

ビーフン（乾燥） …… 50g	酒 …………… 大さじ2
サニーレタス …… 2枚	ピーナッツ …… 15g
きゅうり …… 1/4本（25g）	生春巻きの皮 …… 5枚
ミントの葉 …… 5枚	たれ ポン酢しょうゆ … 大さじ1
もやし …… 30g	練りごま …… 大さじ1/2
むきえび …… 10尾（90g）	

このメニューに合わせるならコレ！

- ㊶ 三色ナムル（P104）
- ⑯ スンドゥブ（P166）

check ビーフン

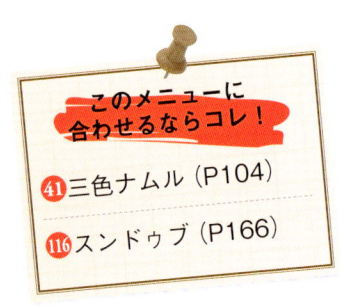

米粉でつくった細いめんです。春巻き以外にも汁ビーフン、焼きビーフンなどいろいろな調理法があります。中国、タイ、ベトナムなどアジアのいろいろな国で食べられています。乾燥させたものがスーパーなどで販売されています。

Step 3 ワールドワイドに アジアメニュー

アジア/48
生春巻き

下準備

ビーフンは水につけて戻す

もやしはひげ根を取って熱湯をかける

むきえびは酒（大さじ2）を加えた湯でゆでる

サニーレタスは1枚を3～4枚にちぎり、きゅうりは千切りに、ピーナッツはあらく刻み、ミントの葉はちぎる

---

1 具材をバットに並べる
ビーフン、サニーレタス、きゅうり、もやし、むきえび、ピーナッツ、ミントの葉を、巻くときに取りやすいように準備しておきます。

2 生春巻きの皮を水にとおす
バットに水をはり、生春巻きの皮を水にくぐらせます。

3 具をのせて巻く
まな板の上に②をおき、ビーフン、もやし、きゅうり、サニーレタスを順にのせ、ミントの葉とピーナッツを散らして、ひと巻きします。

4 えびをのせて巻く
③にえびを2尾のせて、最後まで巻き、両端を折りたたみます。

5 盛りつける
5本すべて巻き、半分に切って器に盛り、たれを添えます。

Point!
たれを市販されているスイートチリソースにするとより本格的な味わいが楽しめます。スーパーなどで手に入ります。

Step 3 アジアメニュー

野菜たっぷりでポカポカ ㊾

キムチ鍋

主菜

材料（2人分）

豚肉（薄切り）	100g
あさり（殻つき）	200g
豆もやし	100g
キャベツ	1/4個（250g）
にら	1/4束（25g）
白菜キムチ	100g
A 鶏がらスープの素	小さじ1
水	5カップ
しょうゆ	少々

＊あさりは砂出し済みのものを使ってもよい

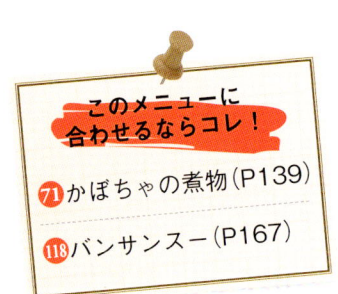

このメニューに合わせるならコレ！

- ㋼ かぼちゃの煮物（P139）
- ⑱ バンサンスー（P167）

check
カセットコンロ

鍋はテーブルの上でくつくつ煮込みながら食べるのがおすすめです。カセットコンロがあれば、テーブルの上に鍋を移動してもさめることなく、おいしくいただけます。残ったスープにごはんを加えれば、シメのおじやが楽しめます。最近は卓上のIH調理器（電気）も手頃な価格で販売されています。

Step 3 ワールドワイドに アジアメニュー

アジア／49 キムチ鍋

[下準備]

あさりは3％の塩水に2〜3時間つけ、暗くして砂出しする（47ページ参照）

豆もやしはひげ根を取り、にらは3cm長さに切る

キャベツと白菜キムチはざく切りにする

両手鍋

1 スープをつくる

約5分 ▶ 2〜3分

鍋にAとあさりを入れて火にかけ、煮立ったら弱火にしてアク取りでアクを取ります。

2 キャベツと豆もやしと豚肉を加える

3〜5分

アクが取れたら、豆もやし、キャベツを加え、再び煮立ったら豚肉を1枚ずつ加え、アクを取ります。

3 白菜キムチとにらを加える

1〜2分

白菜キムチとにらを加えてひと煮し、しょうゆで味を調えます。

白菜キムチとにらは最後に加える▲

Point!

野菜が余ったらバットなどにとっておきましょう。食べたりないときには、あとで野菜を追加して食べてもOK。ほかに豆腐、白菜、ねぎ、きのこなどお好きなものを加えてアレンジしてください。

パラリとさせるには火加減が大事

(50)

チャーハン

主食　主菜

材料（2人分）

ごはん……2杯分（400g）
卵……1個
塩・こしょう……各少々
長ねぎ……1/4本
焼き豚（ブロック）……50g
しいたけ……2枚
グリンピース（冷凍）……40g
サラダ油……大さじ2
しょうゆ……小さじ1/3

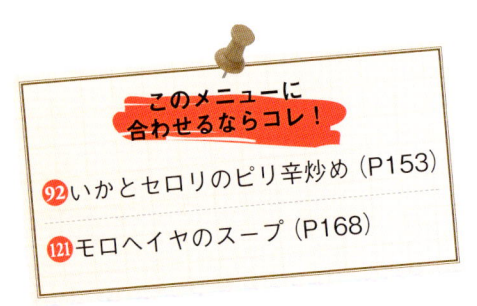

このメニューに合わせるならコレ！

(92)いかとセロリのピリ辛炒め（P153）
(121)モロヘイヤのスープ（P168）

check

チャーハン

チャーハンの作り方はいろいろあります。ごはんと卵を先に混ぜておいたほうが、卵がごはんときれいにからみます。初心者には作りやすいのでおすすめです。火加減を強めにしておくと、ごはんがパラリとした食感になります。

Step 3 ワールドワイドに アジアメニュー

アジア 50
チャーハン

[下準備]

長ねぎはみじん切りにしておく

焼き豚は1cm角に切る

しいたけは1cm角に切り、軸の部分は食べやすい大きさにほぐす

フライパン(大)

1 ごはんと卵を合わせる

ボウルに卵を割りほぐし、さめたごはんを加え、塩、こしょうをふってよく混ぜ合わせます。

2 具材を炒める

フライパンにサラダ油を熱し、長ねぎ、しいたけ、焼き豚を順に入れて炒めます。

🔥🔥🔥 1〜2分

3 卵入りごはんを加えて炒める

①を加え、木ベラで切るように混ぜながら炒めます。

🔥🔥🔥🔥 1〜2分

4 グリンピースを加える

グリンピースを加え、塩、こしょうで味を調え、しょうゆを回し入れて、さっと火をとおします。

🔥🔥🔥 30秒〜1分

▲グリンピースを加える目安

Point!
グリンピースは解凍して常温に戻しておくと、最後に入れたときに炒める時間が少なくてすみます。また、色もきれいに仕上がります。

ココを押さえればお料理上手 | その❼
煮込み料理のポイント

和食、洋食ともにコトコトと煮込む料理はたくさんあります。煮込むときにポイントになる「アク取り」「落としぶた」などについて詳しく紹介します。

落としぶた

木やステンレス製の落としぶたは鍋より一回り小さいが、クッキングシートなどでつくる場合は一回り大きくする

正方形のクッキングシートを半分ずつ4回折り、フライパンより少し大きめの円形に切る

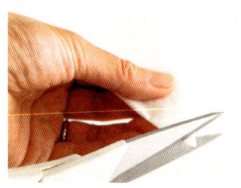

先端を1cm程度切り落とし、両方の辺の中央にそれぞれ三角形の切れ込みを入れる

広げればできあがり。はみ出る部分は鍋の側面に沿って折り返し、材料にぴったりとつけるようにしてかぶせる

アクを取る

アクは煮込んでいるときに浮いてくる泡のようなもの。にごり、えぐ味、臭みなどの元になるので取り除く。煮たたせるとアクが散ってしまうので、弱火にしてアク取りやお玉ですくい、水を張ったボウルにつける

コラム　さしすせその話

和食の味つけの基本は「さしすせそ（17ページ）」。本書ではつくりやすくするために、調味料をあらかじめ合わせていますが（合わせ調味料）、本来、煮物では調味料を入れる順番にも気をつけます。まず砂糖（さ）を入れて味をしみこませてから塩（し）を加えます。酢（す）、しょうゆ（せ）、みそ（そ）は香りや風味がとばないよう、火からおろす直前に加えるのが原則です。慣れてきたら調味料を入れる順番を調整してみてください。味見は煮込む前は薄めの味でもOKです。ここで調味料を足すと、できあがりの味が濃くなってしまいます。仕上がる直前にもう一度味見して、薄ければ調味料を足すようにしましょう。

Step4 知っておきたい定番メニュー

51 牛しぐれ煮

和風

主菜

牛肉の旨みが
ごぼうにしみこんでおいしさ抜群

このメニューに合わせるならコレ！
- 103 さつまいもの甘煮（P159）
- 109 トマトサラダ（P162）

材料（2人分）
牛肉（切り落とし）……150g
ごぼう…………………50g
玉ねぎ……1/2個（100g）
サラダ油…………小さじ1
A ┌ だし……………1カップ
　├ しょうゆ………大さじ1
　└ みりん…………大さじ1

作り方
1. ごぼうはささがきにして水（分量外）に3〜5分つけてアクを抜く。玉ねぎはくし形切りにする。
2. 片手鍋にサラダ油を熱し、水気をきったごぼうと玉ねぎを加え、しんなりするまで3〜5分炒める。
3. Aを加えて煮たて、牛肉をほぐしながら加え、弱火で10〜15分煮込む。

Step 4 定番メニュー

Step 4 知っておきたい 定番メニュー

和風

52 豚の角煮 主菜

材料（2人分）
豚バラ肉（ブロック）
　　　　　　　300g
A ［長ねぎ（青い部分）
　　　　　　　1本分
　しょうが（薄切り）
　　　　　　　2枚］
B ［水　　　2カップ
　酒　　　1/2カップ
　しょうゆ・大さじ2
　砂糖
　　　大さじ1と1/2
　みりん・大さじ1/2］
からし　　　　適量

作り方
❶両手鍋に豚肉、かぶるくらいの水（分量外）とAを入れて火にかけ、煮たったら弱火にして30分ほど下ゆでする。豚肉を水で洗い、食べやすい大きさに切る。
❷両手鍋に①、Bを入れて煮たて、弱火にしてアクを取り除き、落としぶたをして弱火で1時間30分ほど煮込む。
❸器に盛り、からしを添える。

落としぶたとは？→124ページ

53 豚肉の野菜巻き 主菜

材料（2人分）
豚もも肉（薄切り）
　　　　4枚（150g）
塩・こしょう　各少々
小麦粉　　　　適量
いんげん　　　4本
エリンギ
　　　小2本（80g）
にんじん　　　60g
サラダ油　　小さじ1
しょうゆ・みりん
　　　　各大さじ1/2

作り方
❶いんげんは3等分に、エリンギは長さをいんげんに合わせて切り、縦に四等分にする。にんじんは太めの千切りにする。
❷豚肉をまな板の上に1枚ずつ広げ、塩、こしょうをして小麦粉をふりかける。①の4分の1量を豚肉にのせて巻く。残り3枚の豚肉も同様にして巻く。
❸フライパン小にサラダ油を熱し、②の巻き終わりを下にして入れ、中火で周囲に焼き目をつける。弱火にし、ふたをして3〜5分焼き、しょうゆ、みりんを回しかけてからめる。

和風

127

(54) 鶏肉の竜田揚げ

和風

しょうゆとしょうがの下味が
しっかりついた竜田揚げ

主菜

このメニューに合わせるならコレ！

(67) 白あえ（P137）

(117) 絹さやとこんにゃくのピリ辛炒め（P166）

材料（2人分）

鶏もも肉………1枚（200g）
A しょうゆ…………大さじ1
　みりん……………小さじ1
　しょうが汁………小さじ1
片栗粉……………………適宜
パプリカ（赤・黄）
………………各1/4個（30g）
揚げ油……………………適宜

作り方

1. 鶏肉は大きめの一口大に切り、Aを混ぜ合わせたものに漬けておく。パプリカは乱切りにする。
2. フライパン小に油を150～160度に熱し、パプリカを1～2分素揚げして油をきる。
3. 下味をつけた鶏肉に片栗粉をまぶして衣をつけ、170～180度の油で約5分揚げて油をきる。

衣のつけ方は？ → 83ページ！

野菜の揚げ方は？ → 113ページ！

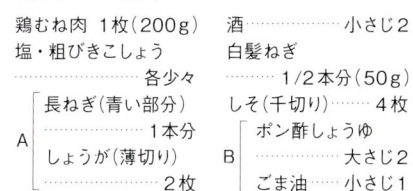

Step 4 知っておきたい 定番メニュー

和風

❺❺ 蒸し鶏 　主菜

材料（2人分）
鶏むね肉 1枚（200g）
塩・粗びきこしょう
　　　　　　　各少々
A ┌ 長ねぎ（青い部分）
　│　　　　　　1本分
　│ しょうが（薄切り）
　└　　　　　　　2枚
酒　　　　　小さじ2
白髪ねぎ
　　　　1/2本分（50g）
しそ（千切り）　4枚
B ┌ ポン酢しょうゆ
　│　　　　　大さじ2
　└ ごま油　　小さじ1

作り方
❶ 塩、粗びきこしょうをふった鶏肉を耐熱皿にのせ、Aをのせて酒をふり、ラップをして電子レンジで6〜7分加熱してそのままさます。
❷ 鶏肉をスライスして器に盛り、白髪ねぎとしそを混ぜてのせ、混ぜ合わせたBを回しかける。

白髪ねぎの作り方は？ → 181ページ！

❺❻ 冷しゃぶサラダ 　主菜

材料（2人分）
豚肉（しゃぶしゃぶ用）
　　　　　　　　150g
A ┌ 長ねぎ（青い部分）
　│　　　　　　1本分
　│ しょうが（薄切り）
　└　　　　　　　3枚
水菜　　1/2束（100g）
トマト　1/2個（75g）
えのきたけ
　　　　　　1束（80g）
B ┌ ポン酢しょうゆ
　│　　　　　大さじ1
　│ 練りごま
　└　　　　　大さじ1/2

作り方
❶ 水菜は3cm長さに切り、トマトは5mm厚さに切る。えのきたけは根元を切ってほぐす。
❷ 両手鍋に湯を沸かし、えのきたけをさっとゆでて取り出す。同じ鍋にAを入れ、煮たったら豚肉を色が変わるまで30秒〜1分ゆで、氷水に入れて冷やす。
❸ 水気をきった豚肉とえのきたけ、水菜、トマトを器に盛り、よく混ぜたBを回しかける。

和風

57 あじの南蛮漬け

和風

酸味が食欲をそそり
ごはんがすすむ

主菜

Step 4 定番メニュー

このメニューに合わせるならコレ！
- 74 かきたま汁（P141）
- 99 にんじんしりしり（P157）

＊あじは購入するときに3枚におろしてもらうとよい

揚げ方は？ → 113ページ！

材料（2人分）
- あじ（3枚におろす）……2尾（140g）
- 塩・酒……各少々
- 片栗粉……適量
- かぼちゃ……100g
- ししとうがらし……6本
- 南蛮酢
  - しょうゆ・酢　各大さじ2
  - 砂糖……大さじ1と1/2
  - だし……1/3カップ
  - とうがらし（小口切り）……1本
- 揚げ油……適量

作り方
1. かぼちゃはいちょう切りにし、ししとうがらしはフォークで穴をあける。南蛮酢は合わせておく。
2. あじは1枚を3等分にして塩と酒をふり、5分おいてからペーパータオルで水気をふいて片栗粉をまぶす。
3. フライパン小に油を150〜160度に熱し、かぼちゃ、ししとうがらしを1分ほど素揚げにし、南蛮酢に漬ける。170〜180度の油であじを3〜4分揚げ、南蛮酢に漬ける。

Step 4 知っておきたい 定番メニュー

和風

⑱ さんまの塩焼き 主菜

材料（2人分）
さんま……2尾（200g）
塩・酒……各少々
大根……100g
かぼす……適量
しょうゆ……適量

作り方
❶ 大根はおろす。
❷ さんまは半分に切って塩と酒をふり、グリルに入れて4〜5分焼く。焼き目がついたら裏返して同様に3〜5分焼く。
❸ さんまを器に盛り、しょうゆをたらした大根おろし、かぼすを添える。

㊾ かれいの煮つけ 主菜

材料（2人分）
かれい……2切れ（300g）
たけのこ（水煮）……50g
わかめ（戻し）……20g
A ┌ 水……3/4カップ
　├ 酒……1/4カップ
　├ しょうゆ……大さじ1
　├ 砂糖……大さじ1/2
　└ みりん……大さじ1

作り方
❶ かれいは皮に十字の切れ目を入れる。たけのこは薄切りにし、わかめは一口大に切る。
❷ 両手鍋にAを入れて煮たたせ、かれいを皮目を上にして加える。煮汁をかれいにかけ、たけのこを加えて落としぶたをして弱火で15〜20分煮る。
❸ わかめを加え、さっと煮て、器に盛る。

和風

魚の煮方は？ → 45ページ！

⑥⓪ 油揚げの巾着煮(きんちゃくに)

和風

だしをしっかり吸い込んだ
旨みたっぷりのヘルシーおかず

主菜

このメニューに合わせるならコレ！
- ㊿ たこめし（P135）
- ⑩⓪ なすのみそ炒め（P158）

材料（2人分）

油揚げ	2枚
しらたき	20g
しいたけ	1枚
にんじん	30g
いんげん	3本
鶏もも肉	50g

A
しょうゆ	小さじ1
みりん	小さじ1

B
だし	1カップ
しょうゆ	大さじ1/2
みりん	大さじ1/2

作り方

❶ 油揚げは熱湯をかけて油抜きし、半分に切る。
❷ しらたきは2〜3cm長さに切り、しいたけは薄切りに、にんじんは太めの千切りに、いんげんは斜め薄切りにする。鶏肉は細切りにする。
❸ ①はAに漬けて5〜10分おく。
❹ ①の口を開き、②をつめて楊枝でとめる。
❺ 片手鍋にBを煮たて、④を加えて弱火で15〜20分ほど煮含める。

Step 4 定番メニュー

Step 4 知っておきたい 定番メニュー

61 揚げ出し豆腐 和風 主菜

材料（2人分）
- 木綿豆腐……1丁（300g）
- 小麦粉…………適量
- 揚げ油…………適量
- A
  - だし……1/2カップ
  - しょうゆ……大さじ1/2
  - みりん……大さじ1/2
- 大根……………100g
- しょうが………1かけ
- 小ねぎ…………1本
- 揚げ油…………適量

作り方
1. 豆腐はペーパータオルに包み、皿などで重しをして20分おいて水切りし、4等分する。大根としょうがはおろし、小ねぎは小口切りにする。
2. 豆腐の水気をペーパータオルでふき取り、小麦粉をまぶす。170～180度に熱した油で1～2分ほど揚げる。
3. 片手鍋でAを煮たてる。
4. ②を器に盛り、③をかけて大根おろしとしょうが、小ねぎをのせる。

揚げ方は？ → 83ページ！

62 天ぷら 主菜 和風

材料（2人分）
- えび…………6尾（30g）
- ししとうがらし……4本
- なす……1/2本（40g）
- さつまいも………40g
- 小麦粉……………適量
- 衣
  - 卵（1/2個）＋水……1/2カップ
  - 小麦粉……1/2カップ
- 揚げ油……………適量
- 天つゆ（市販）……適量
- 大根おろし………適量

作り方
1. えびは殻をむいて背わたを取る。ししとうがらしはフォークで穴をあける。なすとさつまいもは斜め切りにする。
2. ボウルに衣の材料を合わせ、えびと野菜に小麦粉をはたいて衣にくぐらせ、180～190度の油で3～4分揚げる。
3. 油をきって器に盛り、天つゆと大根おろしを添える。

背わたの取り方は？ → 110ページ！

133

(63) いなりずし

和風

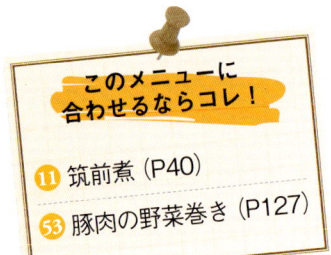

甘く煮つけたお揚げが
やさしくて懐かしい味わい

主食

このメニューに合わせるならコレ！

⑪ 筑前煮（P40）

(53) 豚肉の野菜巻き（P127）

材料（2人分）

	油揚げ	3枚
A	だし	1/2 カップ
A	酒	大さじ2
A	砂糖	大さじ2
A	しょうゆ	大さじ1
A	みりん	大さじ1/2
	ごはん	2人分（約300g）
すし酢	酢	25㎖
すし酢	砂糖	大さじ1/2
すし酢	塩	少々
すし酢	みりん	小さじ1/2
	ごま	大さじ1/2

作り方

1. 油揚げは熱湯をかけて油抜きし、半分に切る。
2. 片手鍋にAを入れて煮たて、①を加え10〜15分、汁気がほとんどなくなるまで煮る。
3. ごはんに、混ぜ合わせたすし酢とごまを加え、切るように混ぜ、②につめる。

＊つめるとき油揚げを裏返してもよい

すし酢とごはんの合わせ方は？ → 59ページ！

Step 4 知っておきたい 定番メニュー

定番メニュー

和風

❻❹ かぶの葉と じゃこ入りごはん　主食

材料（2人分）
ごはん……2人分（約300g）
かぶの葉……1個分（30g）
塩……少々
ちりめんじゃこ……大さじ3
ごま……小さじ1

作り方
① かぶの葉は塩を入れた湯でゆでて水気をしぼり、こまかく刻む。
② ごはんに①、ちりめんじゃこ、ごまを加え、さっくりと混ぜる。

かぶの葉の
ゆで方は？　→　180ページ！

❻❺ たこめし　主食

材料（2〜3食分）
米……1合
しょうが……1かけ
たこ……70g
A ┌ 酒・みりん・薄口しょうゆ……各大さじ1/2
　└ 塩……小さじ1/6

作り方
① 米は洗って水気をきって30分ほどおく。しょうがは千切りにし、たこは薄切りにする。
② 炊飯器に米を入れ、ふつうの水加減にしてから大さじ1と1/2の水をすくい出す。Aを加えてさっと混ぜ、たことしょうがをのせてふつうに炊く。

ごはんの
炊き方は？　→　55ページ！

和風

⑥⑥ ほうれん草のおひたし

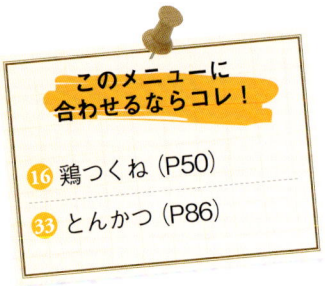

和風

ささっと手早くできる簡単おかず
おぼえておくと便利！

副菜

Step 4 定番メニュー

このメニューに合わせるならコレ！

⑯ 鶏つくね（P50）
㉝ とんかつ（P86）

材料（2人分）
ほうれん草 ………… 1/2束（150g）
塩 ………………………………… 少々
しょうゆ ………………………… 少々
A ┌ だし ………………… 大さじ2
　└ しょうゆ ………… 小さじ1
かつお節 ………………………… 適量

作り方
❶ 沸騰した湯に塩を入れ、ほうれん草をゆでて水気をしぼり、3cm長さに切り、しょうゆ洗いする。
❷ ①をAであえ、器に盛り、かつお節をのせる。

ほうれん草の
ゆで方は？ → 23ページ！

しょうゆ洗いは？ → 23ページ！

Step 4 知っておきたい 定番メニュー

和風

⓺⓻ 白あえ 副菜

材料（2人分）
春菊……1/4束（50g）
にんじん
　……1/4本（45g）
しめじ
　……1/4パック（20g）
A ┃ だし……1/4カップ
　 ┃ 薄口しょうゆ・
　 ┃ みりん……各小さじ1

木綿豆腐
　……1/4丁（75g）
B ┃ すりごま……大さじ1
　 ┃ 砂糖……小さじ1
　 ┃ 薄口しょうゆ・塩
　 ┃ ……各少々

作り方
❶春菊はゆでて3cm長さに切る。豆腐はペーパータオルに包み、少し重めの皿などで重しをして20分おいて水切りする。
❷にんじんは短冊切りに、しめじは根元を切ってほぐす。
❸片手鍋にA、②を入れて中火にかけ、10〜15分煮てそのままさまし、汁気をきる。
❹ボウルに豆腐を入れ、めん棒でつぶし、Bを加えてよく混ぜ、春菊と③を加えてあえる。

⓺⓼ 切り干し大根の煮物 副菜

材料（2人分）
切り干し大根……20g
にんじん
　……1/4本（45g）
油揚げ……1/2枚
A ┃ だし……1カップ
　 ┃ しょうゆ……大さじ1
　 ┃ みりん・酒
　 ┃ ……各大さじ1/2

作り方
❶切り干し大根は水で戻して水気をしぼり、5cm長さに切る。にんじんは太めの千切りに、油揚げは油抜きして短冊切りにする。
❷片手鍋にAを入れて煮たて、①を加え、弱火で15〜20分、切り干し大根がふっくらするまで煮込む。

和風

⑥⑨ 粉ふきいも

和風

副菜

シンプルにいただく
じゃがいもの素朴な味わいと
ほくほくした食感

このメニューに合わせるならコレ！

㉕ 豚のしょうが焼き（P70）
⑱ あじフライ タルタルソース（P144）

じゃがいものゆで方は？ → 177ページ！

材料（2人分）

じゃがいも……3個（400g）
塩……………………適量
あおのり……………適量

作り方

❶ じゃがいもは皮をむいて一口大に切る。
❷ 片手鍋にじゃがいもとかぶるくらいの水を加え、火にかけて15〜20分ほどゆでる。
❸ 竹串を刺してとおるようになったら、湯を捨てる。鍋を弱火にかけ、鍋をゆすってじゃがいもを転がす。
❹ じゃがいもの全体に粉がふいてきたら器に盛り、塩、あおのりをふる。

Step 4 知っておきたい 定番メニュー

和風

⑦ 里いも煮 副菜

材料（2人分）

里いも……小10個（200g）
塩……少々
A ┌ だし……1カップ
  │ 酒……大さじ3
  │ みりん……大さじ1
  └ 砂糖……大さじ1
しょうゆ……大さじ1

作り方

❶ 里いもは皮をむいて塩でもみ、洗ってぬめりを取る。大きめのものは半分に切る。
❷ 片手鍋に里いもとAを入れて火にかけ、5分ほど煮る。
❸ しょうゆを加えて落としぶたをし、弱火にして煮汁が少なくなるまで10～15分煮る。

里いものぬめり取りは？ → 178ページ！

落としぶたとは？ → 124ページ！

⑦ かぼちゃの煮物 副菜

材料（2人分）

かぼちゃ……1/8個（150g）
いんげん……2本
砂糖……大さじ1
A ┌ 薄口しょうゆ……小さじ1
  └ みりん……大さじ1

作り方

❶ かぼちゃは一口大に切り、皮をところどころそぎ落とす。いんげんは斜め薄切りにする。
❷ 片手鍋にかぼちゃとひたひたの水（分量外）、砂糖を加えて強火にかける。
❸ 煮たったらAを加え、弱火で10～15分、かぼちゃが柔らかくなるまで煮て、いんげんを加えひと煮する。

和風

ひたひたの水は？ → 18ページ！

72 豚汁

和風

具だくさんで食べごたえ十分！
冬にぴったりのポカポカ副菜

副菜

このメニューに合わせるならコレ！
- 8 だし巻き卵（P34）
- 64 かぶの葉とじゃこ入りごはん（P135）

材料（2人分）

里いも……2個（70g）	長ねぎ……1/4本
大根……50g	豚バラ肉……50g
にんじん……25g	水……2カップ
こんにゃく……30g	みそ……大さじ1と1/2
ごぼう……25g	七味とうがらし……適量

作り方

1. 里いもとごぼうは5mm幅の半月切りに、大根とにんじんは2mm幅のいちょう切りにする。こんにゃくは1～2cm角に切り、長ねぎは1cm幅に切る。
2. 片手鍋に長ねぎ以外の①と水を入れて煮たて、弱火にして食べやすく切った豚肉を加え、10～15分煮る。
3. 長ねぎを加えてひと煮たちさせ、お玉の中でみそを溶いて味を調える。
4. 器に盛り、好みで七味とうがらしをふる。

みその溶き方は？ → 33ページ！

Step 4 定番メニュー

Step 4 知っておきたい 定番メニュー

和風
73 すまし汁 副菜

材料（2人分）
しいたけ………… 1枚
三つ葉………… 2本
だし… 1と1/2カップ
薄口しょうゆ
………… 小さじ1/2
塩………… 少々

作り方
1. しいたけは半分に切って薄切りに、三つ葉はざく切りにする。
2. 片手鍋にだしとしいたけを入れて中火で2～3分ほど熱し、三つ葉を加え、薄口しょうゆ、塩で味を調える。

だしのとり方は？→ 15ページ！

74 かきたま汁 副菜

材料（2人分）
玉ねぎ… 1/6個（35g）
にんじん………… 40g
卵………… 1個
だし… 1と1/2カップ
みそ………… 大さじ1
粗びきこしょう… 適量

作り方
1. 玉ねぎは薄切りに、にんじんは太めの千切りにする。
2. 片手鍋にだしと①を入れて火にかけ、4～5分ほど煮る。
3. にんじんが柔らかくなったらみそを溶き、溶きほぐした卵を回し入れ、30秒ほどで火を止めて器に盛り、粗びきこしょうをふる。

だしのとり方は？→ 15ページ！

和風

75 鶏肉のピカタ

洋食

Step 4 定番メニュー

チーズのコクでおいしさアップ
手軽にできるおもてなしメニュー

主菜

このメニューに合わせるならコレ！
- ㉓ ミネストローネ (P66)
- ⑩⑧ ポテトサラダ (P162)

そぎ切りは？ → 176ページ！

材料（2人分）
- 鶏むね肉 ………… 1枚（200g）
- 塩・こしょう ………… 各少々
- 小麦粉 ………… 適量
- A
  - 溶き卵 ………… 2個分
  - 粉チーズ ………… 大さじ2
  - パセリ（みじん切り）………… 大さじ1
- オリーブ油 ………… 大さじ1/2
- サラダ菜 ………… 4枚
- ミニトマト ………… 6個

作り方
1. 鶏肉は6枚にそぎ切りにし、塩、こしょうをして小麦粉をまぶす。
2. ボウルでAを混ぜ合わせる。
3. フライパン大にオリーブ油を熱し、②にくぐらせた鶏肉を中火で3～5分焼き、焼き目がついたら裏返して3～5分、火がとおるまで焼く。
4. 器に盛り、サラダ菜、ミニトマトを添える。

Step 4 知っておきたい 定番メニュー

定番メニュー

洋食

76 ポトフ 主菜

材料（2人分）
にんじん……1本（180g）
じゃがいも……2個（270g）
ペコロス……4個（60g）
ベーコン（ブロック）……80g
A［水……2カップ
　ローリエ……1枚
　コンソメ……小さじ1］
塩・こしょう……各少々
粒マスタード……大さじ1

作り方
① にんじんは大きめの乱切りにし、じゃがいもは半分に切る。ペコロスは皮をむき、ベーコンは1cm幅に切る。
② 両手鍋に①とAを入れて火にかけ、煮たったら弱火にして、ふたをして30分ほど煮込む。
③ にんじんが柔らかくなったら塩、こしょうで味を調え、器に盛り、粒マスタードを添える。

＊ペコロスは直径2〜3cmの小さな玉ねぎ。手に入らなければ玉ねぎ1/3個でもOK

落としぶたは？ → 124ページ！

77 ポークソテー 主菜

洋食

材料（2人分）
豚ロース肉（ソテー用）……2枚（300g）
塩・こしょう……各少々
パイナップル……80g
にんにく……1かけ
サラダ油……大さじ1/2
A［ケチャップ……大さじ2
　ウスターソース……大さじ1］
クレソン……適宜

作り方
① パイナップルは1cm角に切り、にんにくはすりおろす。豚肉は筋切りをして塩、こしょうをふる。
② ポリ袋に①を入れて軽くもみ、10分ほどおく。
③ フライパン小にサラダ油を熱し、②の豚肉を中火で3〜5分焼く。焼き目がついたら裏返して3〜5分焼いて、クレソンを添えた器に盛る。
④ ③のフライパンに②の残りを入れ、Aを加えひと煮し、③にかける。

ソースの作り方は？ → 69ページ
豚肉の筋切りは？ → 87ページ

㉜ あじフライ タルタルソース

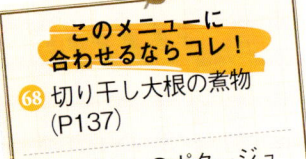

Step 4 定番メニュー

洋食

サクッとした食感は揚げたてならでは！
アツアツのうちにいただこう

主菜

このメニューに合わせるならコレ！
- ⑱ 切り干し大根の煮物（P137）
- ⑬ かぼちゃのポタージュ（P164）

材料（2人分）

- あじ（フライ用に開く） ……… 2尾（140g）
- 塩・こしょう ……… 各少々
- 衣 ┌ 小麦粉 ……… 適量
　　├ 溶き卵 ……… 適量
　　└ パン粉 ……… 適量
- トマト ……… 1/2個（75g）
- ししとうがらし ……… 6本
- 揚げ油 ……… 適量
- タルタルソース
　┌ ゆで卵（粗く刻む） ……… 1個
　├ ピクルス（刻む） ……… 1本
　├ マヨネーズ ……… 大さじ2と1/2
　└ パセリ（みじん切り） ……… 小さじ1

衣のつけ方・揚げ方は？ → 85ページ！

作り方

1. トマトはくし形切りに、ししとうがらしはフォークで穴をあける。
2. タルタルソースの材料を混ぜ合わせておく。
3. あじに塩、こしょうをふり、衣をつける。
4. 170～180度に熱した油で、水気をふいたししとうがらしを30秒～1分揚げる。続いて③を3～4分、きつね色になるまで揚げる。
5. あじを器に盛り、タルタルソースをかけ、トマトとししとうがらしを添える。

＊あじは購入するときにフライ用に開いてもらう。大きいものは3枚におろして半分に切る
＊ピクルスがない場合は入れなくてもOK

Step 4 知っておきたい 定番メニュー

洋食

⑲ いわしのマリネ　主菜

材料（2人分）

いわし……3尾（165g）	A［薄口しょうゆ……大さじ1
塩・こしょう……各少々	砂糖……大さじ1
酒……大さじ1	酢……大さじ2
片栗粉……適量	水……大さじ3
にんじん……20g	塩……少々］
セロリ…1/3本（30g）	揚げ油……適量
玉ねぎ…1/4個（50g）	
パプリカ1/4個（30g）	

作り方

① にんじんとセロリは千切りにし、玉ねぎとパプリカは薄切りにして、さっとゆでる。
② Aを合わせ①を漬ける。
③ いわしは一口大に切り、塩、こしょう、酒をふる。
④ ペーパータオルで③の水気をふいて片栗粉をまぶし、170〜180度に熱した油で3〜4分ほど揚げる。熱いうちに②につけて15分ほどおく。
＊いわしは購入するときに3枚におろしてもらう

揚げ方は？　→　83ページ！

⑳ 白身魚のムニエル　主菜

材料（2人分）

かれい……2切れ（300g）
塩・こしょう……各少々
小麦粉……適量
バター……大さじ2
パセリ……適量
レモン……適量

作り方

① かれいは塩、こしょうをふり、小麦粉をまぶす。
② フライパン小にバターを熱し、バターが溶けてしまう前にかれいを加え、中火で3〜4分焼く。焼き目がついたら裏返してふたをし、2〜3分ほど焼く。
③ 器に盛り、パセリとレモンを添える。

洋食

㉛ ポーチドエッグ

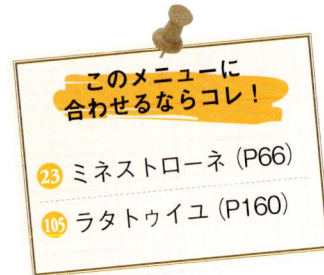

Step 4 定番メニュー

洋食

朝ごはんはこれだけで十分
野菜のおかずを添えれば
栄養バランスも GOOD！

主食
主菜

このメニューに合わせるならコレ！
㉓ ミネストローネ（P66）
⑩⑤ ラタトゥイユ（P160）

材料（2人分）
卵 ……………………… 2個
パン（8枚切り）………… 2枚
バター ………………… 小さじ2
マヨネーズ・ケチャップ
 ……………… 各大さじ1/2

作り方
❶ マヨネーズとケチャップは混ぜ合わせておく。
❷ パンをトースターで焼き、半分に切ってバターを塗る。
❸ 片手鍋に湯を沸かし、沸騰したら卵を1個ずつ割り入れる。2〜3分ほどそのままにし、まとまってきたらアク取りですくいあげて水気をきる。
❹ ②に③をのせ、①をかける。

Step 4 知っておきたい 定番メニュー

洋食

82 チキンカレー 主食 主菜

材料（2人分）
- 鶏もも肉（骨つき・ぶつ切り）……250g
- 塩・こしょう……各少々
- 玉ねぎ……1/2個
- A
  - セロリ 1本（100g）
  - なす 1本（80g）
  - にんじん 1/2本（90g）
- B
  - しょうが……1/2かけ
  - にんにく……1かけ
- サラダ油……大さじ1
- 水……2と1/2カップ
- カレールウ……2人分（約40g）
- ごはん……2人分（約400g）

作り方
1. 玉ねぎはくし形切り、Aは乱切り、Bはみじん切りにする。
2. 鶏肉は塩、こしょうする。
3. 両手鍋にサラダ油とBを熱し、香りがたったら②を炒め、Aと玉ねぎを加えて油が回ったら水を加える。
4. 弱火で15〜20分ほど煮込んだら火を止めてカレールウを加え、再び5分ほど煮込む。
5. ごはんを器に盛り、④をかける。

カレーの作り方は？ → 93ページ！

83 ミートソース スパゲッティ 主食 主菜

材料（2人分）
- 合いびき肉……200g
- A
  - 玉ねぎ1/4個（50g）
  - にんにく……1かけ
- B
  - トマト水煮（ホール・缶詰）……1/2缶（200g）
  - 赤ワイン……1/4カップ
- ケチャップ……大さじ2
- コンソメ……小さじ1
- ローリエ……1枚
- 塩・こしょう……少々
- オリーブ油……大さじ1
- スパゲッティ……150g
- 塩……適量

作り方
1. Aはみじん切りにする。
2. フライパン小にオリーブ油とにんにくを熱し、香りがたったら玉ねぎを炒め、玉ねぎがすきとおってきたら合いびき肉を加えて色が変わるまで炒める。
3. Bを順に加えて弱火で8〜10分煮込み、汁気が少なくなったら塩、こしょうで味を調える。
4. スパゲッティを袋の表示どおりゆでて器に盛り、③をかける。

洋食

スパゲッティのゆで方は？ → 102ページ！

84 グリンピースごはん

Step 4 定番メニュー

洋食

バターのコクがしっかりして
ピラフとはまた違った味わいが楽しめる

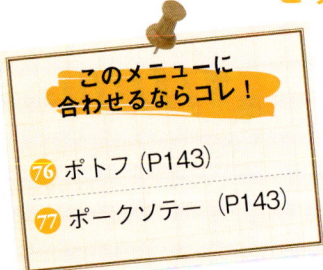

主食

このメニューに合わせるならコレ！
- 76 ポトフ（P143）
- 77 ポークソテー（P143）

米の炊き方は？ → 55ページ！

材料（2～3人分）

米	1合
A 塩	小さじ1/4
酒	大さじ1
コンソメ	小さじ1
グリンピース（冷凍）	60g
塩	少々
バター	大さじ1

作り方

1. グリンピースは塩を加えた湯で30秒ほどかためにゆでる。米は洗って水気をきる。
2. 米はふつうの水加減をして大さじ1の水をすくい出し、Aを入れひと混ぜして炊く。
3. 炊き上がったらバターを加えてよく混ぜ、グリンピースを加え、少し蒸らす。

Step 4 知っておきたい 定番メニュー

洋食

⑧⑤ ドライカレー 主食 主菜

材料（2人分）
合いびき肉 …… 150g
A [玉ねぎ …… 1/2個（100g）
にんじん …… 1/3本（60g）
しょうが …… 1/2かけ]
サラダ油 …… 大さじ1/2
B [カレー粉 …… 大さじ1
ケチャップ・ウスターソース …… 各大さじ3/4
水 …… 1/4カップ]
塩・こしょう …… 各少々
ごはん …… 2人分（約400g）

作り方
❶ Aはみじん切りにする。
❷ フライパン小にサラダ油を熱し、①を炒め、合いびき肉を加えて色が変わるまで炒める。
❸ Bを加え、中火で8～10分、水分が少なくなるまで煮て、塩、こしょうで味を調える。
❹ 器にごはんを盛り、③をのせる。
＊好みでセロリの葉の千切りを添えてもよい

⑧⑥ ピラフ 主食 主菜

材料（2～3人分）
米 …… 1合
ミックスベジタブル（冷凍） …… 50g
ウインナー …… 2本（40g）
コンソメ …… 小さじ1
塩 …… 少々
バター …… 大さじ1

作り方
❶ 米は洗ってざるにあける。ミックスベジタブルは解凍する。ウインナーは縦半分に切って薄切りにする。
❷ 炊飯器に米を入れてふつうの水加減にし、コンソメと塩を入れてひと混ぜし、ミックスベジタブルとウインナーをのせ、ふつうに炊く。
❸ 炊き上がったらバターを加え、混ぜる。

洋食

87 八宝菜

Step 4 定番メニュー

アジア

野菜たっぷりヘルシーに具材を加える順番がポイント！

主菜

材料（2人分）

白菜	2枚（200g）
にんじん	1/3本（60g）
ピーマン	1個（30g）
A しいたけ	2枚
玉ねぎ	1/2個（100g）
豚もも肉（薄切り）	150g
酒・しょうゆ	各小さじ1
むきえび	60g
サラダ油	大さじ1
しょうが（薄切り）	3枚
B 酒	大さじ1
しょうゆ	大さじ1/2
塩・こしょう	各少々
鶏がらスープの素	小さじ2/3
水	2/3カップ
片栗粉	小さじ2
水	小さじ2

作り方

① 白菜の芯はそぎ切りにし、葉はざく切りにする。にんじんは短冊切りに、ピーマンは細切りに、Aは薄切りにする。豚肉は一口大に切り、酒としょうゆをふる。

② フライパン大にサラダ油としょうがを熱し、香りがたったら豚肉を加え炒め、肉の色が変わったらにんじん、玉ねぎ、白菜の芯を加えて炒める。

③ 1～2分ほど炒めたらえび、しいたけ、ピーマン、白菜の葉を加え、さらに1～2分ほど炒める。

④ Bを加えてひと煮たちさせ、水で溶いた片栗粉を加え、とろみをつける。

このメニューに合わせるならコレ！
- 118 バンサンスー（P167）
- 120 あさりの中華風スープ（P168）

片栗粉の加え方は？ → 115ページ！

Step 4 知っておきたい 定番メニュー

アジア

❽❽ 麻婆なす 主菜

材料（2人分）

なす	3本（240g）
揚げ油	適量
豚ひき肉	80g

A
- 酒・しょうゆ 各小さじ1/2

B
- しょうが・にんにく 各1/2かけ
- 長ねぎ 1/4本

サラダ油 大さじ1/2
トウバンジャン 小さじ1/2

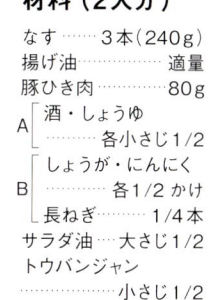

C
- テンメンジャン 大さじ1/2
- しょうゆ・酒 各大さじ1/2
- 酢・砂糖 各小さじ1/2
- 鶏がらスープの素 ひとつまみ
- 水 1/4カップ

片栗粉 小さじ1
水 小さじ1
ごま油 少々

作り方

① なすは乱切りにし、170〜180度に熱した油で素揚げする。豚ひき肉はAをふる。
② Bはみじん切りにする。
③ フライパン大にサラダ油と②を加えて熱し、香りがたったらトウバンジャンを加え、なじむまで炒める。
④ 豚ひき肉を加え、肉の色が変わるまで炒め、Cを加えて煮たて、なすを加え再び煮たったら、水に溶いた片栗粉を加えてとろみをつけ、ごま油を回しかける。

素揚げは？ → 113ページ！

❽❾ チンジャオロースー 主菜

材料（2人分）

牛もも肉（焼肉用） 100g

A
- しょうゆ 小さじ1
- 塩・こしょう 各少々
- ごま油 大さじ1/2
- 片栗粉 大さじ1/2

B
- ピーマン 2個（60g）
- パプリカ 1/2個（60g）
- たけのこ（ゆで） 100g

C
- にんにく 1/2かけ
- しょうが 1/2かけ

サラダ油 大さじ1

合わせ調味料
- しょうゆ・酒・オイスターソース 各小さじ1
- 砂糖 小さじ1/2
- 鶏がらスープの素 ひとつまみ
- 片栗粉 小さじ1/2
- こしょう 少々

作り方

① 牛肉は細切りにしてAに漬けておく。Bは細切りにする。
② Cはみじん切りにする。
③ フライパン大にサラダ油の半量と②を熱し、香りがたったらBを加えて1〜2分炒め、油が回ったら取り出す。
④ 残りのサラダ油を熱し、牛肉を炒め、色が変わったら③を戻し、合わせ調味料を回し入れ、1〜2分炒めたらこしょうをふる。

アジア

合わせ調味料の加え方は？ → 113ページ！

90 牛肉と野菜のプルコギ

アジア / **主菜**

材料（2人分）

牛肉（切り落とし） …… 150g

A
- 一味とうがらし …… 小さじ1/2
- ごま油 …… 大さじ1/2
- 砂糖 …… 大さじ1
- しょうゆ …… 大さじ1と1/2
- にんにく（おろし）…… 大さじ1/2
- りんご（おろし）…… 大さじ1と1/2
- こしょう …… 少々

わけぎ …… 60g
パプリカ（赤・黄）…… 各1/4個（30g）
玉ねぎ …… 1/2個（100g）
セロリ …… 1/2本（50g）
ごま油 …… 大さじ1/2
ごま …… 適宜

作り方

1. 牛肉はAに漬けておく。
2. わけぎは3㎝長さに切り、パプリカは細切りに、玉ねぎは薄切り、セロリは斜め薄切りにする。
3. フライパン大にごま油を熱し、わけぎ以外の②を加え1〜2分炒め、取り出す。
4. ③のフライパンに①を加え炒め、肉の色が変わったら③、わけぎを加え炒める。
5. 器に盛り、ごまをふる。

91 ホイコーロー

主菜 / **アジア**

材料（2人分）

豚ロース肉（薄切り） …… 150g
酒・しょうゆ …… 各小さじ1
キャベツ …… 5枚
長ねぎ …… 1/2本

A
- しょうが …… 1かけ
- にんにく …… 1かけ

サラダ油 …… 大さじ1

B
- テンメンジャン …… 大さじ2
- トウバンジャン …… 小さじ1
- 砂糖・しょうゆ …… 各大さじ1/2
- 酒 …… 大さじ1

こしょう …… 少々

作り方

1. 豚肉は一口大に切って酒としょうゆをふる。
2. キャベツはざく切りに、長ねぎは斜め薄切りにする。
3. Aは千切りにする。
4. フライパン大にサラダ油と③を熱し、豚肉を炒め、肉の色が変わったら、キャベツ、長ねぎを加えて1〜2分炒める。
5. 野菜がしんなりしたらBを加えさらに炒め、こしょうをふる。

Step 4 知っておきたい 定番メニュー

定番メニュー

アジア

⑨② いかとセロリの
ピリ辛炒め 主菜

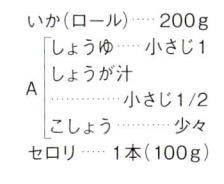

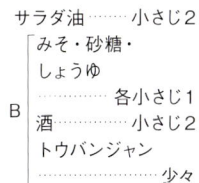

材料（2人分）

いか（ロール）……200g
セロリ……1本（100g）
A ┃ しょうゆ……小さじ1
 ┃ しょうが汁
 ┃ ……小さじ1/2
 ┃ こしょう……少々

サラダ油……小さじ2
B ┃ みそ・砂糖・
 ┃ しょうゆ
 ┃ ……各小さじ1
 ┃ 酒……小さじ2
 ┃ トウバンジャン
 ┃ ……少々

作り方

① いかは格子状の切れ目を入れ、一口大に切ってAに漬ける。
② セロリは斜め薄切りにする。
③ フライパン大にサラダ油を熱し、②をさっと炒める。①を加え2〜3分炒め、いかの色が変わったらBを回し入れ、なじむまで炒める。

⑨③ ジャージャーめん 主食 主菜

アジア

材料（2人分）

中華めん（生）……2玉
きゅうり……1/2本（50g）
長ねぎ……1/4本
トマト……1/2個（75g）
A ┃ にんにく……1かけ
 ┃ しょうが……1かけ
 ┃ 玉ねぎ……1/2個（100g）
サラダ油……大さじ1

豚ひき肉……150g
トウバンジャン
　……小さじ1/2
B ┃ テンメンジャン・みそ・
 ┃ 酒……各大さじ1/2
 ┃ しょうゆ
 ┃ ……大さじ3/4
 ┃ 水……1/2カップ

作り方

① 中華めんは袋の表示どおりゆでる。きゅうりは太めの千切りに、長ねぎは白髪ねぎに、トマトは薄切りにする。
② Aはみじん切りにする。
③ フライパン大にサラダ油と②を熱し、玉ねぎがすきとおったらひき肉を加え、肉の色が変わるまで炒める。
④ ③にトウバンジャンを加えてなじませ、Bを加え、汁気が少なくなるまで5〜10分炒める。
⑤ 器にめんを盛り、④、きゅうり、トマト、白髪ねぎを盛る。

中華めんの
ゆで方は？ → 102ページ！　白髪ねぎの
作り方は？ → 181ページ！

アジア

94 ビビンバ 主食 主菜

材料（2人分）

ごはん
　……… 2人分（約400g）
牛もも肉（焼肉用）
　………………… 100g
A ┌ 砂糖 ……… 小さじ1
　│ しょうゆ …… 小さじ2
　│ ごま油 …… 大さじ1/4
　│ 一味とうがらし
　└ ……… 小さじ1/4
白菜キムチ …… 100g
B ┌ 豆もやし …… 100g

B ├ にんじん
　│ ……… 1/3本（60g）
　│ ほうれん草 …… 100g
　└ ぜんまい（ゆで） … 50g
ごま油 ……… 小さじ1/2
C ┌ 塩 ……… 小さじ1/5
　│ 鶏がらスープの素
　│ ……… 小さじ1/3
　│ すりごま …… 大さじ4
　└ ごま油 …… 大さじ1
サラダ油 …… 小さじ1
コチュジャン …… 適宜

作り方

❶ 牛肉は細切りにしてAに漬ける。白菜キムチはざく切りにする。
❷ Bは三色ナムルと同様にそれぞれ下準備をしてCであえる。ほうれん草とぜんまいはにらを参考にする。
❸ フライパンにサラダ油を熱し、①の牛肉を2～3分炒める。
❹ ごはんを器に盛り、②と③と白菜キムチをのせ、コチュジャンを添える。

三色ナムルの作り方は？ → 105ページ！

95 チヂミ 主菜

材料（2人分）

にら …… 1/2束（50g）
卵 ……………… 1個
あさり（水煮・缶詰）
　……………… 30g
A ┌ 黒ごま …… 大さじ1
　│ 塩 ………… 少々
　└ 上新粉 …… 大さじ2
ごま油 ……… 大さじ1
糸とうがらし …… 適量
酢・しょうゆ … 各適量

作り方

❶ にらは10cm長さに切る。
❷ ボウルに卵を割りほぐし、汁気をきったあさり、①、Aを加え、ざっくりと混ぜる。
❸ フライパン大にごま油を熱し、②を流し入れて2～3分焼き、裏返してさらに2～3分焼く。
❹ 食べやすい大きさに分けて器に盛り、糸とうがらしをのせ、酢じょうゆを添える。

アジア

焼き方は？ → 57ページ！

Step5
バリエーションが広がる便利メニュー

⑯ オクラのおひたし

材料（2人分）

オクラ……………… 10本
塩…………………… 少々
だし………… 1/4カップ
しょうゆ………… 小さじ1
かつお節…… 小1/2パック

作り方

❶ オクラは塩をふって板ずりにし、さっとゆでて斜め半分に切る。
❷ だしとしょうゆを合わせ、オクラを10〜15分漬ける。
❸ 器に盛り、かつお節をのせる。

Step 5 便利メニュー

⑰ 小松菜の煮びたし

材料（2人分）

小松菜…… 1/2束（180g）
油揚げ……………… 1/2枚
A ┃ だし………… 1/2カップ
　 ┃ しょうゆ…… 大さじ1/2
　 ┃ みりん……… 大さじ1/2

作り方

❶ 小松菜は3cm長さに切る。油揚げは油抜きしてから短冊切りにする。
❷ 片手鍋にAを煮たて、油揚げと小松菜を加え、2〜3分煮る。

和風　副菜

板ずりは？ → 175ページ！

和風　副菜

油抜きは？ → 31ページ！

Step 5 バリエーションが広がる 便利メニュー

便利メニュー

98 いんげんの ごまあえ

材料（2人分）
いんげん ………………… 10本
塩 ………………………… 少々
A ┌ すりごま ……… 大さじ1/2
　│ 砂糖 …………… 小さじ1/4
　│ しょうゆ ……… 小さじ1/2
　└ 塩 ……………………… 少々

作り方
① いんげんは塩を加えた湯で下ゆでして縦半分に裂き、3cm長さに切る。
② ボウルにAを合わせ、いんげんをあえる。

99 にんじんしりしり

材料（2人分）
にんじん …… 1/2本（90g）
卵 ………………………… 1個
サラダ油 ………… 小さじ1
塩・こしょう …………… 少々
めんつゆ（2倍濃縮）小さじ2

作り方
① にんじんは太めの千切りにする。卵は溶きほぐす。
② フライパン小にサラダ油を熱し、にんじんを1〜2分炒める。しんなりとしてきたら塩、こしょうをふり、めんつゆを加え、卵を回し入れて1分ほど火をとおす。

和風　副菜

和風　副菜

⑩ なすのみそ炒め

材料（2人分）

なす……………… 3本（240g）
しょうが ………… 1/2かけ
しそ……………… 5枚
ごま油…………… 大さじ1
A [みそ………… 大さじ1/2
　　酒…………… 大さじ2
　　砂糖………… 小さじ1/2]

作り方

① なすは乱切りに、しょうがは千切りに、しそは粗いみじん切りにする。
② フライパン小にごま油としょうがを熱し、なすを2〜3分炒める。
③ Aを回し入れてなすにからめ、器に盛り、しそを散らす。

和風　副菜

⑩ 蒸しとうもろこし

材料（2人分）

とうもろこし … 1本（100g）

作り方

① とうもろこしの皮をむき、さっと水にくぐらせてラップでぴっちりと包む。
② 電子レンジで3〜4分加熱し、あら熱がとれたら食べやすい大きさに切る。

和風　副菜

Step 5　便利メニュー

Step 5 バリエーションが広がる 便利メニュー

便利メニュー

102 じゃがいもの煮ころがし

材料（2人分）

じゃがいも
……………… 3個（400g）
しょうゆ…………… 大さじ1
みりん……………… 大さじ1

作り方

① じゃがいもは4等分に切る。
② 鍋に①とかぶるくらいの水を入れ、水から火にかける。沸騰したら中火にして15〜20分ゆでて水気をきる。
③ 別の鍋でしょうゆとみりんを煮つめ、②を加えてからめる。

103 さつまいもの甘煮

材料（2人分）

さつまいも
……………… 1/2本（120g）
砂糖 ……………… 大さじ1
レモン汁 ………… 大さじ1/2

作り方

① さつまいもは皮つきのまま、1cm厚さの輪切りにする。
② 鍋にさつまいもとひたひたの水を加え、砂糖とレモン汁を加えて火にかけ、さつまいもが柔らかくなるまで15〜20分煮る。

和風 副菜

かぶるくらいの水？ → 18ページ！

和風 副菜

ひたひたの水？ → 18ページ！

Step 5 便利メニュー

⑮ ラタトゥイユ

材料（2人分）

A ┌ ズッキーニ …… 1/2本（100g）
　├ パプリカ（赤・黄） …… 1/4個（30g）
　└ なす …… 1本（80g）
玉ねぎ …… 1/4個（50g）
にんにく …… 1かけ
オリーブ油 …… 大さじ1
B ┌ トマト水煮（ホール・缶詰） …… 1/2缶（200g）
　├ コンソメ …… 小さじ1
　├ ケチャップ …… 大さじ1
　└ ローリエ …… 1枚
塩・こしょう …… 各少々

作り方

❶ Aは乱切りにし、玉ねぎはくし形に切る。
❷ にんにくは包丁でつぶす。
❸ 両手鍋にオリーブ油とにんにくを熱し、香りがたったら、①を加え炒める。
❹ 全体に油が回ったらBを加えて5〜6分煮込み、水分が少なくなったら塩、こしょうで味を調える。

洋食　副菜

にんにくのつぶし方は？ → 77ページ！

⑭ 海藻と寒天のサラダ

材料（2人分）

ひじき（乾燥） …… 10g
棒寒天 …… 1/2本（4g）
パプリカ（赤・黄） …… 1/4個（30g）
フレンチドレッシング（市販） …… 大さじ2
塩 …… 小さじ1/5
粗びきこしょう …… 少々

作り方

❶ ひじきは水で戻す。棒寒天は水に15分つけて戻し、細長く裂く。パプリカは薄切りにする。
❷ 片手鍋に湯を沸かし、ひじきとパプリカをさっとゆでて、フレンチドレッシングであえる。
❸ ②のあら熱がとれたら寒天を加え、塩、粗びきこしょうで味を調える。

洋食　副菜

ひじきの戻し方は？ → 31ページ！

Step 5 バリエーションが広がる 便利メニュー

106 マカロニサラダ

材料（2人分）
マカロニ……………………50g
塩………………………適量
卵……………………………1個
ハム………………2枚（40g）
にんじん…………2㎝（30g）
きゅうり………1/4本（25g）
塩………………………少々
マヨネーズ…………大さじ2
塩・こしょう………各少々

作り方
❶ 卵はゆでて粗いみじん切りにする。
❷ ハムはいちょう切りにする。きゅうりは薄切りにして塩もみし、水気をしぼる。
❸ マカロニは袋の表示どおりゆでる。残り時間が2〜3分になったらいちょう切りにしたにんじんを加え、ゆであがったら水気をきる。
❹ ボウルに卵、②、③を合わせ、マヨネーズであえて、塩、こしょうで味を調える。

107 コールスロー

材料（2人分）
キャベツ……1/4個（250g）
塩…………………小さじ1/4
コーン（ホール・缶詰）
…………………………大さじ2
A ┌ マヨネーズ………大さじ1
  └ フレンチドレッシング（市販）
…………………………大さじ1
塩・こしょう………各少々

作り方
❶ キャベツは千切りにして、塩をふり、しんなりしたら水気をしぼる。
❷ コーンの汁気をきる。
❸ ボウルにAを合わせ、①と②を加えてあえ、塩、こしょうで味を調える。

洋食　副菜

きゅうりの下準備は？ → 27ページ！

卵のゆで方は？ → 63ページ！

108 ポテトサラダ

材料（2人分）

じゃがいも……2個（270g）
にんじん……1/4本（45g）
きゅうり……1/2本（50g）
塩……少々
ハム……2枚（40g）
A ┃ フレンチドレッシング（市販）
　 ┃ ……大さじ1
　 ┃ マヨネーズ……大さじ1
塩・こしょう……各少々

作り方

① じゃがいもはゆで、熱いうちにめん棒などでつぶす。つぶし加減は好みで。
② にんじんはいちょう切りにして2〜3分ゆでる。きゅうりは薄切りにして塩でもみ、水気をしぼる。ハムは粗く刻む。
③ ①に②を加え、Aであえて、塩、こしょうで味を調える。

じゃがいもの
ゆで方は？ → 85ページ！

109 トマトサラダ

材料（2人分）

トマト……1個（150g）
玉ねぎ……1/8個（25g）
パセリ……小さじ1
A ┃ フレンチドレッシング（市販）
　 ┃ ……大さじ2
　 ┃ 塩・こしょう……各少々

作り方

① トマトは5mm幅の輪切りにして器に盛る。
② 玉ねぎとパセリはみじん切りにする。
③ ボウルで②とAを合わせ、①にのせる。

Step 5 便利メニュー

Step 5 バリエーションが広がる 便利メニュー

⑩ ゆで卵とアボカドのサラダ

材料（2人分）
ゆで卵 …………………… 2個
アボカド ……… 1個（140g）
レモン汁 ……… 大さじ1/2
マヨネーズ ………… 大さじ2
塩・こしょう………… 各少々

作り方
❶ ゆで卵は1.5cm角に切る。アボカドは1.5cm角に切り、レモン汁をかける。
❷ ボウルに①を合わせ、マヨネーズであえて、塩、こしょうで味を調える。

洋食 副菜

卵のゆで方は？ → 63ページ！

⑪ にんじんのグラッセ

材料（2人分）
にんじん ……… 1本（180g）
A ┃ バター ………… 大さじ1
　 ┃ 砂糖 …………… 大さじ2

作り方
❶ にんじんは7〜8mmの輪切りにする。
❷ 片手鍋に①とひたひたの水を加え、Aを入れて落としぶたをし、中火にかける。弱火にして10〜15分、にんじんがやわらかくなるまで煮る。

洋食 副菜

ひたひたの水は？ → 18ページ！

落としぶたは？ → 124ページ！

112 チリコンカン風

材料（2人分）

大豆水煮（缶詰）
　………………… 1缶（100g）
牛ひき肉 …………… 150g
玉ねぎ ……… 1/4個（40g）
サラダ油 ……… 大さじ1/2
A ┌ トマト水煮（ホール・缶詰）
　│　………………… 1/2缶（200g）
　│ 赤ワイン …… 1/4カップ
　│ ケチャップ・ソース
　│　………………… 各大さじ1
　└ ローリエ …………… 1枚
塩・こしょう ……… 各少々

作り方

① 玉ねぎはみじん切りにする。
② フライパンにサラダ油を熱し、玉ねぎを炒め、しんなりしたらひき肉を加え肉の色が変わるまで炒める。
③ 大豆、Aを加え、中火で15～20分煮込み、水分が少なくなってきたら塩、こしょうで味を調える。

洋食　副菜

113 かぼちゃのポタージュ

材料（2人分）

かぼちゃ …………… 150g
A ┌ 水 …………… 1/2カップ
　└ コンソメ ………… 小さじ1
牛乳 ………………… 1カップ
塩 …………………… 少々

作り方

① かぼちゃは皮つきのままいちょう切りにする。
② 片手鍋に①、Aを加えてふたをして弱火で15～20分ほど煮込み、かぼちゃがやわらかくなったら、木ベラやお玉でかぼちゃをつぶす。
③ 牛乳を加え、塩で味を調える。

洋食　副菜

Step 5 便利メニュー

Step 5 バリエーションが広がる 便利メニュー

115 クラムチャウダー

材料（2人分）
あさり（水煮・缶詰）
　………… 1缶（130g）
A ┌ じゃがいも ……… 1/2個
　├ にんじん ………… 1/4本
　├ セロリ …………… 1/2本
　└ 玉ねぎ …………… 1/4個
バター ……………… 大さじ1
小麦粉 ……………… 大さじ1
B ┌ 牛乳 …………… 1カップ
　└ コンソメ ……… 小さじ1
塩・粗びきこしょう … 各少々

作り方
① あさりは身と汁に分ける。
② あさりの缶汁は水と合わせて1カップにする。
③ Aは1cmの色紙切りにする。
④ 片手鍋にバターを熱し、Aを2～3分炒め、しんなりとしたら小麦粉をふり入れてなじませる。
⑤ ④に②、Bを加えて弱火で10～15分煮込み、にんじんが柔らかくなったらあさりの身を加え、塩で味を調えて器に盛り、粗びきこしょうをふる。

色紙切りは？ → 171ページ！

114 コーンポタージュ

材料（2人分）
コーン（クリーム・缶詰）
　………… 1缶（230g）
牛乳 ………………… 1カップ
塩・こしょう ………… 少々
パセリ（みじん切り）… 少々

作り方
① 片手鍋にコーンと牛乳を合わせて煮たて、塩、こしょうで味を調え、器に盛ってパセリを散らす。

洋食　副菜

117 絹さやとこんにゃくのピリ辛炒め

材料（2人分）
絹さや……… 1パック（20g）
こんにゃく …… 1枚（250g）
とうがらし…………………1本
ごま油 ………… 大さじ1/2
A ┌ 酒 ………………… 大さじ1
　├ ナンプラー ……… 小さじ1
　└ 砂糖 ……………… 小さじ1

作り方
① 絹さやは斜め切りにし、とうがらしは種を取って小口切りにする。こんにゃくは手で一口大にちぎり、下ゆでしてあく抜きする。
② フライパン小にごま油ととうがらしを熱し、強火でこんにゃくを5～6分炒める。水分が抜けたら、Aを加えて1～2分炒め、絹さやを加えてさっと火をとおす。
＊ナンプラーがないときはしょうゆでもOK

こんにゃく（しらたき）の
あく抜きは？ → 39ページ！

116 スンドゥブ

材料（2人分）
絹ごし豆腐……1丁（300g）
豚ロース肉（薄切り）‥100g
長ねぎ ……………… 1/2本
にら ………… 1/8束（10g）
しいたけ ……………… 1枚
白菜キムチ…………… 100g
にんにく・しょうが
　………………… 各1/2かけ
サラダ油……… 大さじ1/2
だし ………………… 2カップ

作り方
① 豆腐は4分の1に切る。豚肉は4cm幅に切る。長ねぎは斜め薄切り、にらは4cm長さに切り、しいたけは薄切りに、白菜キムチはざく切りにする。
② にんにくとしょうがは千切りにする。
③ 両手鍋にサラダ油と②を熱し、香りがたったら豚肉を入れて炒め、肉の色が変わったらキムチを加えてさらに1～2分炒める。
④ だし、豆腐、にら、ねぎ、しいたけを加えて10～15分煮る。

Step 5 便利メニュー

アジア　副菜

Step 5 バリエーションが広がる 便利メニュー

⑲ ワンタンスープ

材料（2人分）
- 長ねぎ……………… 1/2本
- しいたけ…………… 2枚
- たけのこ（ゆで）…… 30g
- ワンタンの具
  - 豚ひき肉……… 30g
  - しょうが（みじん切り）
   ……………… 1/2かけ分
  - 塩・こしょう…… 少々
- ワンタンの皮……… 10枚
- A
  - 水……………… 2カップ
  - 鶏がらスープの素
   ……………… 小さじ1
  - オイスターソース
   ……………… 小さじ1
- しょうゆ…………… 少々

作り方
1. 長ねぎは斜め薄切りに、しいたけとたけのこは薄切りにする。
2. ワンタンの具をボウルで混ぜ合わせ、皮の中央に具の10分の1量をのせ、皮の周囲に水をつけて三角形になるよう、半分に折って包む。
3. 片手鍋にAを入れて熱し、①を加え2〜3分煮る。ワンタンを加え、浮かび上がってきたらしょうゆで味を調える。

＊ワンタンは市販されているものを使ってもOK

⑱ バンサンスー

材料（2人分）
- はるさめ…………… 25g
- ハム………………… 2枚（40g）
- A
  - にんじん… 1/8本（20g）
  - ピーマン…… 1個（30g）
- B
  - マスタード…… 小さじ1/2
  - ごま………… 大さじ1/2
  - しょうゆ…… 大さじ1
  - 酢…………… 大さじ1/2

作り方
1. ハムは細切りにする。
2. Aは千切りにする。
3. 片手鍋に湯を沸かし、はるさめを表示どおりゆで、7〜8cm長さに切り、②を1〜2分ゆでる。
4. ボウルにBを合わせ、①と③を加えてあえる。

アジア　副菜

アジア　副菜

120 あさりの中華風スープ

材料（2人分）

あさり（殻つき）……… 150g
しょうが ………… 1/2 かけ
きくらげ ……………… 5枚
にら ………………… 1/8 束
長ねぎ ……………… 1/2 本
A ┌ 水 ……………… 2 カップ
　│ 鶏がらスープの素
　└ ………………… 小さじ1/2
薄口しょうゆ ……… 小さじ1
ごま油 ……………… 小さじ1

作り方

① あさりは砂出ししてよく洗う。しょうがは千切りにする。
② きくらげは水で戻し、かたい部分を切り取って一口大に切る。にらは3cm長さに切り、長ねぎは斜め切りにする。
③ 片手鍋にAとしょうがを入れて熱し、あさりを加えて煮たて、あさりの口が開いたら②を加え、煮たったらしょうゆで味を調え、ごま油を入れる。

あさりの砂出しは？→ 47 ページ！

121 モロヘイヤのスープ

材料（2人分）

モロヘイヤ … 1/2 束（50g）
コーン（ホール・缶詰か冷凍）
………………………… 大さじ2
A ┌ 水 ……… 1と1/2 カップ
　│ 鶏がらスープの素
　└ ………………… 小さじ1
B ┌ しょうゆ …… 小さじ1/2
　└ 塩・こしょう …… 各少々

作り方

① モロヘイヤは粗く刻む。
② 片手鍋にAを熱し、①とコーンを加え、再び煮たったら、Bで味を調える。

Step 5 便利メニュー

Step6
食材の基本情報と下準備

キャベツ・レタス

生でも加熱してもOK

基本情報

キャベツ
- 旬の時期 ● 12月〜3月（春キャベツは3〜4月）
- Check! ● 巻きがしっかりしていて、ずっしり重いものがよい。春キャベツは巻きがゆるくてやわらかいものがよい。
- 保存方法 ● 芯に切れ目を入れてしめらせたペーパータオルを当て、ラップをするかポリ袋に入れて冷蔵庫へ。2週間程度もつ

レタス
- 旬の時期 ● 春（3月頃）と夏（7月頃）
- Check! ● 巻きがゆるく手に持ったとき軽いものがよい。葉がパリッとしているものを選ぶ
- 保存方法 ● キャベツと同様。4〜5日もつ

ざく切り
長さをそろえて葉を切り、重ねてから料理に合った幅に切る。基本は1〜1.5cm程度

千切り
葉をくるくる巻いて、端からできるだけ細く切る。太めのときには2〜3mm幅でOK

保存するときは
芯に十字の切れ目を入れ、しめらせたペーパータオルを当てると長持ちする

水にさらす
葉がくたっとしているときは切ってから3〜5分水につけるとパリッとする

手でちぎる
レタスは手でちぎってもOK。一口大のサイズにちぎる

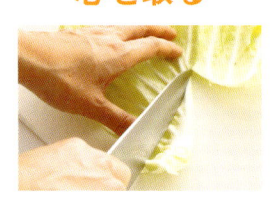

芯を取る
キャベツの芯はそのままだと切りにくいので、先に取り除く。芯を使えるときは刻んで利用する

Step **6** 食材の基本情報と下準備

にんじん・大根
毎日でも使いたい常備野菜

ピーラーを使う
皮をむくときはピーラーを使うと便利。そいでそのまま使うこともある 

芯をチェックする
芯が小さくて、黒ずんでいないものがよい

千切り
縦に置いてできるだけ薄く切り、切ったものをずらして重ね、端から切っていく。太めの千切りの場合は最初に2～3mm厚さに切る

短冊切り
縦に置いて7～8mm幅に切ったものを2つほど重ねて薄切りにする

乱切り
にんじんは回しながら、一口大の大きさに切る。大根は縦半分に切り、回しながら一口大の大きさに切る

色紙切り
幅1cmに切ったにんじんを縦に置き、横に1cm幅に切り、右端から薄切りにする

基本の切り方
右から輪切り、半月切り、いちょう切り。輪切りは丸いものをそのまま、半月切りは縦半分に割り、いちょう切りはそれをさらに半分に割ってから必要な幅に切る

基本情報

にんじん
- 旬の時期 ● 春（4～5月）と秋（10月）
- Check! ● 芯が小さく、色が黒ずんでいないものがよい。赤みが強いものほどカロテンが豊富
- 保存方法 ● しめらせた新聞紙で包み、冬は冷暗所、夏は冷蔵庫へ。切ったものはラップに包む。1週間程度で使い切る

大根
- 旬の時期 ● 10～2月
- Check! ● ずっしり重く、ピンとした茎がついているものがよい。みずみずしく、全体的にハリがあるものを選ぼう
- 保存方法 ● にんじんと同様

トマト

リコピンたっぷり、美容・健康におすすめ

湯むきする

皮がかたいものは湯むきして使うとよい。お尻に十字の切れ目を入れ、沸騰した湯に15～30秒ほどつける。さいばしなどを刺してコンロの火であぶる方法もある

皮に切れ目が入ったらアク取りですくい、ボウルに張った水にとってあら熱がとれたら皮をむく

へたを取る

丸ごと使うときは包丁の刃先を差し込み、くるりと一周させて取る。半分に切ったときには左右から包丁を斜めに入れ三角形に切り取る

1cm角に切る

トマトを縦に置き、1cm幅に切る。切ったものを縦、横、それぞれ1cm幅に切る

輪切り

縦、横、どちらに切ってもよい。つぶれないようにするにはよく切れる包丁を使う

くし形切り

半分に切ってへたを取り、それをさらに半分にし、さらにもう半分に切る

基本情報

トマト

- **旬の時期**：5～8月（味が濃くよく熟しているのは9～10月頃）
- **Check!**：ずっしりと重くへたがピンとしているものがよい
- **保存方法**：青い部分があり、かたく熟していないものは常温で保存。真っ赤になって完熟したらポリ袋に入れて冷蔵庫へ。1～2週間もつ

Step 6 食材の基本情報と下準備

玉ねぎ

炒めると甘みと旨みがアップ！

基本情報

玉ねぎ
- 旬の時期 ● 春（4〜5月）と秋（8〜10月）
- Check! ● 形が丸く、皮が乾いていて、実はかたくしまっているものがよい。芽や根が出ているものは避ける。春が旬の新玉ねぎは辛みが少なく生で食べてもおいしい
- 保存方法 ● 日が当たらないところに置くと数カ月間もつ。湿気のある場所は避ける

みじん切り

縦半分に切り、根元を上にして置き、根元を少し残し、縦に2〜3mm幅に切る。玉ねぎを横にして下からも同様に切る。端から2〜3mm幅に切る。最後に包丁で刻んでこまかくする

くし形切り

縦半分に切って芯を取り除き、それをさらに半分に切り、同じように半分にする

薄皮をむく

薄い茶色の薄皮は手でむく。茶色い部分が残っている部分は切り落とす

薄切り

縦半分に切って芯を取り除き、端から薄く切る

173

ビタミンA・C・Eが豊富なヘルシー野菜
ピーマン

基本情報

- **旬の時期** ● 6～8月
- **Check!** ● 緑、赤、黄色、オレンジなどさまざまな種類があるが、一般的なものは緑色のピーマン。肉厚でカラフルなものはパプリカと呼ばれるピーマンの仲間。ツヤやハリがあって肉厚のものがよい
- **保存方法** ● 夏以外は常温で保存してOK。ポリ袋に入れて冷蔵庫に入れれば1週間程度もつ

細切り
縦半分に切って包丁の腹で軽くつぶす。縦方向、横方向に端から切る。縦の細切りのほうが使うことが多い

種を取る
縦半分に切ってへたと種を手でむしるようにして取る

乱切り
縦半分に切り、一口大に切る

油との相性が抜群の夏野菜
なす

基本情報

- **旬の時期** ● 7～9月
- **Check!** ● へたがしっかりしていて、皮の紫色が濃く、ハリとツヤがあるものがよい。秋にとれるものは味がよく「秋なす」と呼ばれる
- **保存方法** ● 新聞紙にしっかり包んで冷蔵庫へ。常温で保存してもよい。2～3日で食べきる

乱切り
なすを回すようにして一口大に切る

半月切り
縦半分に切り、端から必要な厚さに切る

がくを取る
焼きなすなど丸ごと使う場合は、包丁でくるりと切れ込みを入れ、がくを取る。乱切り、半月切りなど、小さく切るときは上の部分を切り落とす

> 切り口が変色するのを防ぐため、切ったらすぐに水にさらす

Step 6 食材の基本情報と下準備

酢の物やサラダに活躍
きゅうり

基本情報

- **旬の時期** ● 6〜8月
- **Check!** ● 緑が濃く、ハリがあり、トゲがしっかりした（鋭い）ものがよい
- **保存方法** ● ポリ袋に入れて冷蔵庫へ。2〜3日で食べきる

斜め薄切り
同じ厚さで斜めに薄く切る

乱切り
きゅうりを回すようにして一口大に切る

千切り
斜め薄切りにしたものをずらして重ね、端から細く切っていく

薄切り
端から薄く切る

板ずり
塩をふってまな板の上で転がしてから水洗いする。トゲが取れ、味がしみ込みやすくなり、緑が濃くなる

茎も葉も丸ごと使い切る
セロリ

基本情報

- **旬の時期** ● 11〜5月
- **Check!** ● 葉がパリッとしていて茎の縦筋がはっきりしているものがよい
- **保存方法** ● ラップをして冷蔵庫へ。1週間程度もつ

スティック状
軸を必要な長さに切りスティック状に切る。太い部分は立てて切るとよい

薄切り
端から1〜2mm厚さに切る

葉を使う
葉はみじん切りにして飾りや薬味として使う

斜め薄切り
茎を縦に置いて、斜め方向の薄切りにする

スジを取る
切れ目のところから包丁でスジをすくい引っ張るようにして取る

生命力が抜群でグングン伸びる
アスパラガス

基本情報

- 旬の時期 ● 4〜6月
- Check! ● 穂先がつまっていて、全体に緑色が濃いものがよい
- 保存方法 ● ラップして冷蔵庫へ。2〜3日で使いきる

根元を折る
根元2〜3cmのかたい部分を折って取り除く

はかまを取る
根元の部分の皮をむき、はかまをそいで取り除く。はかまは節の部分にある茶色く薄い皮のようなもの

電子レンジで加熱
下ゆでは沸騰した湯でゆでるほか、水をふってラップに包み電子レンジで1分〜1分半加熱してもOK

斜め薄切り
根元から斜めに包丁を入れて切る 

3cm長さに切る
根元から必要な長さに切る

冬の白菜は甘く味わい深い
白菜

基本情報

- 旬の時期 ● 11〜2月
- Check! ● 外葉は緑色が濃く、内側は黄色みが強いものがよい。葉がしっかりつまってずっしり重いものを選ぶ
- 保存方法 ● 新聞紙に包んで冷蔵庫へ。1週間ほどもつ

葉を切る
ざく切りの目安 縦半分に切ったものを重ねて切る

細切りの目安 縦半分に切ったものを重ねて切る

軸を切る
軸の部分を切り取る

縦の細切りにする（火が通りやすい）

横の細切りにする（食感がよい）

そぎ切り
葉を縦半分に切って1.5cm幅に包丁を斜めに入れるように切る

Step 6 食材の基本情報と下準備

ブロッコリー
がん予防にも効果あり

小房に分ける
茎の部分を切って房ごとに分ける。大きいものはほかとそろえて小さく切り分ける。水を張ったボウルに入れて汚れを取る

茎も使う
茎も栄養豊富でおいしい。皮を厚めにむいて必要な大きさに切って使う

基本情報
- 旬の時期 ● 11～3月
- Check! ● 緑色が濃く、つぼみ（緑色の部分）がぎっしりつまったものがよい。黄色っぽくなったものは花が開いているので避ける
- 保存方法 ● ラップをして冷蔵庫へ。軸を下にして入れると4～5日はもつ。余った場合には小房に分けてかためにゆでて冷凍しておくとよい

じゃがいも
春にとれる新じゃがはホクホク！

8分の1に切る
4分の1に切って大きすぎる場合はさらに半分に切る

4分の1に切る
皮をむいて半分に切り、さらに半分に。煮込み料理などで大きく使うとき

色紙切り
半分に切り、下から1cm幅に切ってから、縦に1cm幅に切る。横に向けて薄切りにする

水からゆでる
根菜類は水から火にかけてゆでる。皮をむいて4等分にし、水からゆでて、沸騰してから15～20分ゆでる

基本情報
- 旬の時期 ● 春（4～6月）と8～9月
- Check! ● 発芽する前のでこぼこが多いもの、芽が出ていないもの、皮がしなびていないものがよい
- 保存方法 ● 新聞紙に包んで冷暗所へ。1カ月ほどもつ

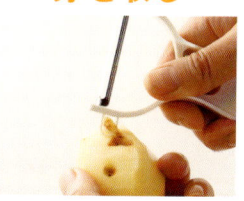

芽を取る
ピーラー、包丁の刃元などで芽を取り除く

電子レンジで加熱
皮つきのままよく洗い水をふってラップに包み電子レンジで加熱する。1個につき3分程度加熱する。竹串が刺さればOK

里いも

ぬめり成分は食物繊維。
便秘改善に

基本情報

- 旬の時期 ● 8〜11月
- Check! ● 泥がついてしめっているものがよい。8月に新いもが出荷される
- 保存方法 ● 泥がついたまま新聞紙で包み、冷暗所におくと1カ月ほどもつ

食べやすく切る
小さなものは半分に、大きいものは4分の1に、食べやすい大きさに切る

ぬめりを取る
塩をまぶしてもみこみ、流水で洗うとぬめりが取れる

皮をむく
上と下を切り落とし、縦方向に切るとよい。厚くむくこと

れんこん

炒めるとシャキシャキ
煮るとホクホク

基本情報

- 旬の時期 ● 6〜11月
- Check! ● 11月頃がもっとも味がよい。泥つきで切り口が黒くなっていないものを選ぶ。9〜10の穴は均等に並んでいるものがよい
- 保存方法 ● 新聞紙で包み冷蔵庫へ。カットしていなければ1週間ほどもつ

乱切り
縦半分に切り、れんこんを回しながら一口大に切る

皮をむく
皮は薄くむく。ピーラーでむくとやりやすい

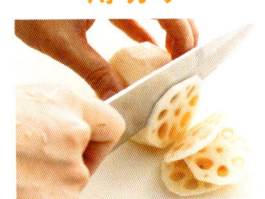

薄切り
輪切りの場合はそのまま薄く切る。半月切りの場合は縦半分に切って薄切りにする

切り口が変色するのを防ぐため、切ったらすぐに水にさらす

Step 6 食材の基本情報と下準備

いちょう切り

平らな面をまな板に置いて安定させる。5～8mm幅に切り、さらに2～3cm幅に切る

煮物に使う場合は切り口のすべての角を斜めに切って面取りすると煮くずれしにくい（写真手前部分）。皮はところどころむく

一口大に切る

平らな面をまな板に置いて安定させる。1.5～2cm幅に切り、さらに1.5～2cm幅に切る

保存したほうが甘くなる
かぼちゃ

基本情報

- 旬の時期 ● 6～8月
- Check! ● 収穫するのは夏だが貯蔵中にだんだん甘くなる。秋をすぎると食べ頃。ずっしりと重く、カットしているものは中身の色が濃いものがよい
- 保存方法 ● ワタを取ってラップをして冷蔵庫へ。1週間程度もつ

ワタを取る
スプーンなどで種とワタを取り出す

ささがき

根元に十字の切れ込みを入れて、ごぼうを回しながらそぐようにして切る

千切り

必要な長さに切り、縦に薄く切ったあと、重ねてできるだけ細く切る

細く長く生きるという意味で、縁起のいい野菜
ごぼう

基本情報

- 旬の時期 ● 5～6月と11～12月
- Check! ● やわらかい新ごぼうは5～6月にとれるものを指す。直径は2cm程度で、太すぎず、泥つきのものがよい
- 保存方法 ● 泥つきは新聞紙に包んで冷暗所へ。洗っているものはラップをして冷蔵庫へ。1週間程度もつ

皮をこそぐ
包丁で皮をこそぎ落とす。新ごぼうはタワシで洗ってもOK

切り口が変色するのを防ぐため、切ったらすぐに水にさらす

青菜（葉野菜）

おひたしにみそ汁、炒めても煮てもOK！

ほうれん草、小松菜、水菜、三つ葉など緑色の葉野菜は用途が幅広い

根元を落とす

水菜、三つ葉、小松菜などは根元を切って落とす。ほうれん草は根元の赤い部分に栄養があるので、根の部分だけ切り落とす

根元を洗う

根元を切ったものはボウルに張った水に入れ、流水で洗う。ほうれん草は根元に泥がついているので、十字の切れ込みを入れてから水につけ、ふり洗いする

水気をきる

サラダにしたり、生でそのまま食べるときには水気をしっかりきる。水きり器も市販されているがペーパータオルを使うとよい

手で軽くふって水気をきった青菜をペーパータオルに包み、両手で上下にふるとしっかり水気がきれる

3cm長さに切る

茎の部分は3cm長さなど、指定されている長さに切る

葉の部分は茎よりも短めに切る。加熱するとき茎の部分は火がとおりにくく、葉はすぐしんなりするので、葉は大きめに切ってよい

下ゆでする

塩を加え沸騰させた湯に根元から入れる。10秒ほどしたら葉も湯に入れて20秒ほどゆでる

水を入れたボウルにとり手早くさます。こうするときれいな色に仕上がる。さめたら手で水気をしぼる

長さを半分に切って重ね、食べやすい大きさに切る

Step 6 食材の基本情報と下準備

香味野菜
和洋中どのジャンルでも大活躍

香りのある野菜の総称　しょうが、ねぎ、にんにくなど料理に添えて香りをつけたり、味を引き締めるものを薬味と呼ぶ

にんにく
臭いが強いけれど入れると旨みもアップ。滋養強壮にもよい

手で薄皮をむき、半分に切って包丁の刃元で芽を取る

薄切りの場合はできるだけ薄く切る

みじん切りにする場合は薄切りを重ねて千切りにし、それを横にしてさらに刻む

しょうが
クセはあるがさっぱりした香りと辛みがある。肉や魚の臭み消しに

しょうがには健康によい作用があるがその成分は皮に含まれている。皮は包丁でこそいで少し残すとよい。無農薬のものは皮ごと使ってもよい

薄切りの場合はできるだけ薄く切る

薄切りを重ねて千切りにして水にさらしたものを「針しょうが」と呼ぶ

みじん切りにする場合は千切りを横にしてさらに刻む

長ねぎ（白髪ねぎ）

白い部分を4〜5cm長さに切る。縦に切れ込みを入れ、白い部分をはがして緑色の部分は取り外す。白い部分をまな板にまっすぐになるよう押さえつけ、端から千切りにして水にさらす。5分ほどおいて水気をきる

長ねぎ（みじん切り）

根元の部分に縦に切れ込みを入れる（こまかくしたい場合は切れ込みの数を多くする）。端から薄切りにする。最後に包丁の刃先を左手で固定して、右手を垂直におろしてこまかく刻む

きのこ類

食物繊維たっぷりのヘルシー食材

洗うと香りがなくなり、食感が悪くなるほとんどは人工栽培されて泥やゴミはほとんどついてないので洗わなくてもOK！

しいたけ
鮮度が落ちやすいので早めに使い切る

みじん切りにする場合は薄切りにしたものを重ねて千切りにし、それを横にしてさらに刻む

軸の部分も使える。手で裂いてから食べやすい大きさに切る

カサの部分は薄切りにすることが多い

軸を持ってねじるようにしてはずす。軸の根元の茶色い部分を切り落とす

エリンギ
少しかための食感がよく炒め物におすすめ

根元の茶色い部分をそぎ切りにする。きれいなものはそのまま使ってもよい

カサと軸の部分を切り分ける

食べやすい長さ、厚さに切る

しめじ
「味しめじ」とも呼ばれ、おいしいきのこの代表

根元を切り落とす。バラバラにならない程度に切り落とす

手で根元をほぐす。大きなものはひとつひとつ小分けにし、小さなものは2〜3本まとめてほぐす

えのきたけ
香りも食感もクセがなくどんな料理にも合う

根元を切り落とす。茶色い部分を包丁で切り落とし、気になる部分は手ではらう

手で根元をほぐす。ぜんぶをバラバラにするのではなく、数本程度のかたまりに分ける

Step 6 食材の基本情報と下準備

海藻類

日本人は縄文時代から食べてきた

周囲を海に囲まれた日本では海藻類は米や野菜とともに食生活の中心となる食材

乾燥わかめ
乾燥しているので保存性がよい

食べやすい大きさに切ってあるカットわかめを常備しておくと便利。戻すと8〜10倍に増える（写真上）。そのままみそ汁に入れてもOK

昆布
だしに使ったりそのまま食べたり

昆布の表面についている白い粉は旨みのもと。洗わず、ペーパータオルや乾いたふきんで汚れを落とす

最近は生の切り昆布も市販されている。煮物やサラダなどにおすすめ

塩蔵わかめ
保存がきくよう塩に漬けたもの

開封後は10日〜2週間程度もつ。戻しても量はそれほど変わらない

最初に水につけて余分な塩を落としてから、ボウルに水といっしょに入れて5分ほどおくと戻る

もずく
味つけされたものが主流

味がついているものはそのまま食べられる。塩蔵の場合はざるに入れて流水でよく洗う

ひじき
黒いものほど質がよい。乾物を常備

水につけて15分ほどたつと戻る。量は2〜3倍、重さは5〜6倍になる

大きめのボウルにたっぷりの水といっしょに入れる。戻ったらざるにあけて水気をきる。茎の部分を使った「長ひじき」の場合は食べやすい長さに切る

コラム　海藻に含まれるフコイダンのパワー

海藻類には「フコイダン」という水溶性の食物繊維が含まれています。便秘改善に効果があるのはもちろんですが、そのほかにも「抗がん作用」や「免疫力を高める」ことがわかり、最近、海藻類の健康効果が注目されています。

もずくやひじきには、貧血を改善する鉄分、骨を丈夫にするカルシウム、マグネシウムなどが多く含まれています。どちらも若い女性に不足しがちな栄養素なので意識してとるようにしましょう。

肉類の部位

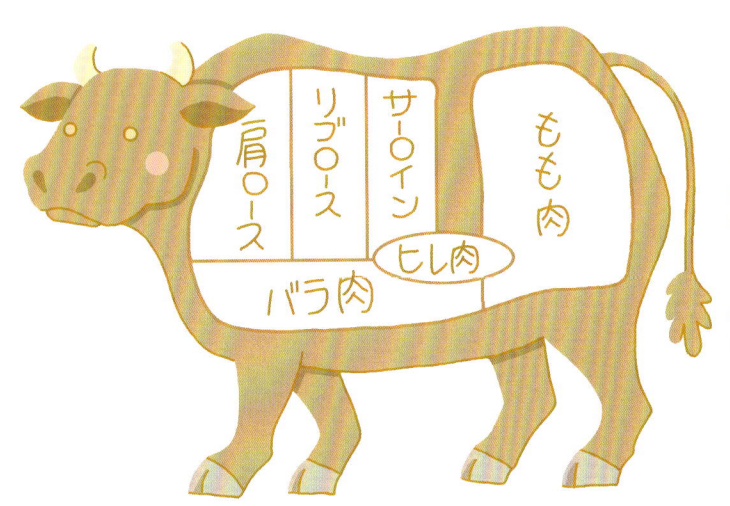

食感や味わいの違いを知ろう

牛 肉
もも肉やバラ肉が手頃。高級でステーキなどに使われるのは脂肪が多く脂がのったリブロースやサーロイン、ヒレ肉。肩ロースやすね肉は煮込み料理に適する

（部位：肩ロース、リブロース、サーロイン、もも肉、バラ肉、ヒレ肉）

豚 肉
肩は煮込み料理、肩ロースやバラ肉は焼いて食べるのに向いている。もも肉は脂肪が少なくさっぱり。ロース、ヒレはやわらかくとんかつやポークソテーにおすすめ

（部位：肩、肩ロース、ロース、ヒレ肉、もも肉、バラ肉）

鶏 肉
手羽肉は脂肪が多く味がよい。もも肉はやわらかくジューシーで幅広い料理に合う。皮を取ったむね肉やささ身は脂肪が少なくダイエットにぴったり

（部位：手羽元、手羽先、むね肉、ささ身、もも肉）

Step 6 食材の基本情報と下準備

ココを押さえればお料理上手 その❽
電子レンジ・オーブンの使い方

グラタン、ドリア、ホイル焼きなど電子レンジやオーブントースターを使った料理もたくさんあります。ただ、使い方を間違えると大変！ ここでは基本的な注意点をご紹介します。

> 使用方法はメーカーによって異なります。必ず取扱説明書を確認して使ってください

オーブンの使い方

特徴
- オーブン機能が使えるものにはオーブンレンジ、オーブントースターがある
- オーブンレンジはローストビーフ、グラタン、ドリア、パン、プリンなどができる
- オーブントースターはトーストを焼くほか、グラタン、ピザ、ものにより焼き菓子などもできる
- 内部の温度を一定にして、対流熱で食品を包み込んで加熱する

加熱温度・時間
- 内部の温度を一定に保つほうがいいので、加熱中はドアの開閉はできるだけ少なく
- レシピの加熱時間は目安。機械の性能やメーカーによって加熱時間は異なる。またできあがりの焼き色は好みもあるので、焼き色を自分の目で確かめて判断する
- できあがったらすぐに取り出す。中に入れておくと余熱で火が通りすぎることもある

電子レンジの使い方

特徴
- マイクロ波という電磁波で食品を加熱する
- 食品の表面と内部が同時に加熱される
- 加熱時間は食品の重量に比例する。室温、容器の種類や大きさなどで変わるので、最初は短めに設定して少しずつ時間をプラスするとよい
- 家庭用は500Wか600Wが主流

ラップの使い方
- 煮物やカレー、シチューなどはラップをかける
- 揚げ物、焼き物、飲み物はラップをかけない
- アルミホイルは原則として使用しない

注意点
- ソーセージ、たらこ、魚などはそのまま加熱すると破裂するので、皮に切れ目を入れる
- 卵は電子レンジで加熱しない。生たまごはもちろん、殻をむいたゆで卵、目玉焼きの再加熱、生の黄身なども破裂することがある
- 栗など殻がついているものは加熱しない

コラム 電子レンジやオーブンで使える容器

内部が高温になるので使えない容器もあります。耐熱性のガラス容器であれば電子レンジ、オーブンのどちらでも使えます。耐熱性（140度以上）のプラスチック容器は電子レンジには使えます。ただ、砂糖や油分が多い料理は高熱になるので避けたほうがいいでしょう。厚手でシンプルな陶磁器は電子レンジ、オーブンともに使用可能ですが、ひびや傷が入っているもの、金箔や銀箔を使っているもの、内側に色彩や装飾があるものは使えません。

よりも色が白く仕上がる。

背わた (P37,P110)
えびの背にある黒い筋に見える腸管。

そぎ切り (P176)
包丁を斜めに入れてそぐように切る。

だし (P15)
昆布やかつお節を煮出したり水に浸して旨みを抽出したもの。和食の基本となる。

たっぷりの水 (P18)
材料がすっかり水（煮汁）に入っている水分量。

中火 (P18)
炎が鍋底につくかつかないかの火加減。

強火 (P18)
炎が鍋底にしっかりついている火加減。

なじませる
調味料や油を全体に広げてしみこませる。

煮込む
弱火で時間をかけて煮て味を含ませる。

煮たつ
煮汁（水）を強火にかけて表面に泡がたつくらい沸騰させること。

肉だね (P51)
たねは下準備した材料のこと。ひき肉にほかの材料を混ぜたものを指す。

肉の色が変わる
加熱して肉の色が褐色に変化した状態。

バット (P13)
角形で底が浅い容器。

半月切り (P171,P174)
輪切りを半分に切った状態。

ピーラー (P13)
皮をむいたり薄くスライスするときに便利な皮むき器。

ひげ根を取る (P49)
もやしの根（糸のように細い部分）を手で取ること。

ひたひたの水 (P18)
材料の一番高い部分が水（煮汁）から出るか出ないかの水分量。

ひと煮
材料が温まる程度に加熱すること。

拍子木切り (P101)
1cm角×長さ4〜5cmくらいに切ること。

ぶつ切り
形にこだわらず適当な大きさに切ること。

ふり洗い
水の中で材料をふって洗うこと。

回し入れる
調味料を大きく円を描くようにして入れ、全体にかけること。

水気をきる (P43,P180)
材料についた水分を取り除く。ざるにあけたり、ペーパータオルに包むなど。

水溶き片栗粉 (P111)
片栗粉を同量の水で溶いたもの。とろみをつけたいときに使う。

水にさらす
切った材料を水につけてアクを取り除いたり、パリッとさせること。

蒸し台 (P14,P37)
鍋の底に敷き蒸し器として使うための道具。

めん棒 (P14)
生地を伸ばす道具。

焼き目をつける
食材の表面をこんがりとしたきつね色に焼くこと。

薬味 (P181)
料理に添える香味野菜の総称。

割りほぐす (P35)
卵を割って黄身と白身を溶きほぐすこと。

余熱
火を止めたあと、鍋やフライパンに残っている熱。余熱でじんわり火を通すこともある。

弱火 (P18)
炎が鍋底についていない火加減。

乱切り (P171,P174,175,178)
材料を回しながら斜めに不規則な形に切る。

知っておきたい基本の料理用語

あえ衣 (P22)
材料に味をつけてあえる合わせ調味料。

あえる (P23)
材料にあえ衣を加えて混ぜ、味をつけること。

アクを取る (P124)
煮たり、ゆでたりするとき、表面に浮いてくる泡のようなもの（アク／苦みや渋みのもとになる）を取ること。

味を調える
最後に舌で味を確認しながら調味料を加えて全体の味を調整すること。

油抜き (P31)
油揚げ、厚揚げなど揚げてあるものに熱湯をかけて表面の油分を除くこと。

油が回る
材料にまんべんなく油が行き渡る。

あぶる程度
表面を温める程度に軽く焼くこと。

あら熱をとる
加熱直後の熱々の状態から手で触れる程度まで自然にさますこと。

合わせ調味料
料理に使う調味料を複数混ぜ合わせたもの。

板ずり (P175)
きゅうりのトゲやオクラのうぶ毛を取り、色を鮮やかにするための下準備。

1カップ (P13)
通常は200ml。米は180ml。

落としぶた (P45,P78,P124)
煮物をつくるとき材料に直接のせるふた。煮くずれを防いだり、煮汁を全体にまんべんなく行き渡らせる。

重し
豆腐の水切りなどに使う。ある程度重さがある平らな皿などを使うとよい。

香りがたつ
にんにくやしょうがなど香味野菜を加熱したときに香りが出てきた状態。

かぶるくらいの水 (P18)
材料の一番高いところが水（煮汁）にちょうど入っている水分量。

皮目 (P45)
魚や鶏肉の皮がついている面。

錦糸卵 (P58)
薄焼き卵を糸のように細く切ったもの。

くぐらせる
材料を湯や水にさっとつけてすぐに引き出すこと。

くし形切り (P172,P173)
丸い野菜などを放射状に切ること。

好みで
自分の好きなものを添えたり、調味料を加えたりするときの表現。

ざく切り (P176)
葉物野菜を3～4cm幅で不規則に切ること。大きさはそろえなくてもOK。

ささがき (P179)
ごぼうを回しながらえんぴつをけずるように薄くそぐ切り方。

塩もみ (P27)
材料に塩をふり手で軽くもむ。

しょうゆ洗い (P23)
下ゆでした材料にしょうゆをふってしぼる。

しんなりする
材料を炒めたり、塩をふったときに、くたっとしてやわらかくなった状態。

筋切り (P87)
肉の脂身と赤身の間にある筋を切ること。

砂出し (P47)
貝類を海水と同じ濃度の塩水（3％／しじみは真水）につけて中の砂を出させること。

酢水
水に少量の酢を混ぜたもの。目安は水1ℓに大さじ1～2の酢を混ぜたもの。ごぼうやれんこんなどのアク抜きに。水にさらす

No.	料理名	分類	ページ
53	豚肉の野菜巻き	和風	127
52	豚の角煮	和風	127
25	豚のしょうが焼き	洋食	70
12	ぶりの照り焼き	和風	42
91	ホイコーロー	アジア	152
77	ポークソテー	洋食	143
76	ポトフ	洋食	143
46	麻婆豆腐	アジア	114
88	麻婆なす	アジア	151
55	蒸し鶏	和風	129
43	焼きぎょうざ	アジア	108
21	ゆで卵	洋食	62
56	冷しゃぶサラダ	和風	129
29	ロールキャベツ	洋食	78

副菜

No.	料理名	分類	ページ
98	いんげんのごまあえ	和風	157
96	オクラのおひたし	和風	156
104	海藻と寒天のサラダ	洋食	160
71	かぼちゃの煮物	和風	139
117	絹さやとこんにゃくのピリ辛炒め	アジア	166
68	切り干し大根の煮物	和風	137
5	きんぴらごぼう	和風	28
107	コールスロー	洋食	161
69	粉ふきいも	和風	138
97	小松菜の煮びたし	和風	156
103	さつまいもの甘煮	和風	159
70	里いも煮	和風	139
41	三色ナムル	アジア	104
102	じゃがいもの煮ころがし	和風	159
67	白あえ	和風	137
4	酢の物	和風	26
116	スンドゥブ	アジア	166
112	チリコンカン風	洋食	164
109	トマトサラダ	洋食	162
100	なすのみそ炒め	和風	158
99	にんじんしりしり	和風	157
111	にんじんのグラッセ	洋食	163
118	バンサンスー	アジア	167
42	バンバンジー	アジア	106
6	ひじきの煮物	和風	30
1	冷奴	和風	20
66	ほうれん草のおひたし	和風	136
2	ほうれん草のごまあえ	和風	22
108	ポテトサラダ	洋食	162
106	マカロニサラダ	洋食	161
101	蒸しとうもろこし	和風	158
3	焼きなす	和風	24
110	ゆで卵とアボカドのサラダ	洋食	163
105	ラタトゥイユ	洋食	160

汁物

No.	料理名	分類	ページ
120	あさりの中華風スープ	アジア	168
74	かきたま汁	和風	141
113	かぼちゃのポタージュ	洋食	164
115	クラムチャウダー	洋食	165
114	コーンポタージュ	洋食	165
73	すまし汁	和風	141
72	豚汁	和風	140
23	ミネストローネ	洋食	66
121	モロヘイヤのスープ	アジア	168
7	わかめと豆腐のみそ汁	和風	32
119	ワンタンスープ	アジア	167

「主食」「主菜」「副菜」別さくいん

主食・主食＋主菜

63 いなりずし 和風	134
19 お好み焼き 和風	56
37 オムライス 洋食	94
17 親子丼 和風	52
64 かぶの葉とじゃこ入りごはん 和風	135
40 カルボナーラ 洋食	100
36 カレー 洋食	92
84 グリンピースごはん 洋食	148
93 ジャージャーめん アジア	153
18 炊き込みごはん 和風	54
65 たこめし 和風	135
39 チーズリゾット 洋食	98
82 チキンカレー 洋食	147
50 チャーハン アジア	122
20 ちらしずし 和風	58
85 ドライカレー 洋食	149
38 ドリア 洋食	96
94 ビビンバ アジア	154
86 ピラフ 洋食	149
22 フレンチトースト 洋食	64
81 ポーチドエッグ 洋食	146
83 ミートソーススパゲッティ 洋食	147

主菜

61 揚げ出し豆腐 和風	133
14 あさりの酒蒸し 和風	46
57 あじの南蛮漬け 和風	130
78 あじフライ タルタルソース 洋食	144
60 油揚げの巾着煮 和風	132
92 いかとセロリのピリ辛炒め アジア	153
79 いわしのマリネ 洋食	145
44 えびチリ アジア	110
59 かれいの煮つけ 和風	131
49 キムチ鍋 アジア	120
51 牛しぐれ煮 和風	126
90 牛肉と野菜のプルコギ アジア	152
34 グラタン 洋食	88
47 ゴーヤチャンプルー アジア	116
32 コロッケ 洋食	84
27 鮭のホイル焼き 洋食	74
13 さばのみそ煮 和風	44
58 さんまの塩焼き 和風	131
80 白身魚のムニエル 洋食	145
45 酢豚 アジア	112
8 だし巻き卵 和風	34
11 筑前煮 和風	40
95 チヂミ アジア	154
9 茶わん蒸し 和風	36
89 チンジャオロース― アジア	151
26 照り焼きチキン 洋食	72
62 天ぷら 和風	133
16 鶏つくね 和風	50
54 鶏肉の竜田揚げ 和風	128
28 鶏肉のトマト煮 洋食	76
75 鶏肉のピカタ 洋食	142
31 鶏のからあげ 洋食	82
33 とんかつ 洋食	86
48 生春巻き アジア	118
10 肉じゃが 和風	38
15 肉野菜炒め 和風	48
87 八宝菜 アジア	150
24 ハンバーグ 洋食	68
35 ビーフシチュー 洋食	90
30 ピーマンの肉詰め 洋食	80

No.	料理名	分類	分類	ページ
79	いわしのマリネ	洋食	主菜	145
44	えびチリ	アジア	主菜	110
59	かれいの煮つけ	和風	主菜	131
115	クラムチャウダー	洋食	副菜	165
27	鮭のホイル焼き	洋食	主菜	74
13	さばのみそ煮	和風	主菜	44
58	さんまの塩焼き	和風	主菜	131
80	白身魚のムニエル	洋食	主菜	145
62	天ぷら	和風	主菜	133
12	ぶりの照り焼き	和風	主菜	42

豆・卵・乳製品

No.	料理名	分類	分類	ページ
61	揚げ出し豆腐	和風	主菜	133
60	油揚げの巾着煮	和風	主菜	132
74	かきたま汁	和風	副菜	141
67	白あえ	和風	副菜	137
116	スンドゥブ	アジア	副菜	166
8	だし巻き卵	和風	主菜	34
9	茶わん蒸し	和風	主菜	36
112	チリコンカン風	洋食	副菜	164
1	冷奴	和風	副菜	20
81	ポーチドエッグ	洋食	主食＋主菜	146
46	麻婆豆腐	アジア	主菜	114
21	ゆで卵	洋食	主菜	62
110	ゆで卵とアボカドのサラダ	洋食	副菜	163

野菜・きのこ・海藻

No.	料理名	分類	分類	ページ
98	いんげんのごまあえ	和風	副菜	157
96	オクラのおひたし	和風	副菜	156
104	海藻と寒天のサラダ	洋食	副菜	160
71	かぼちゃの煮物	和風	副菜	139
113	かぼちゃのポタージュ	洋食	副菜	164
117	絹さやとこんにゃくのピリ辛炒め	アジア	副菜	166
68	切り干し大根の煮物	和風	副菜	137
5	きんぴらごぼう	和風	副菜	28
47	ゴーヤチャンプルー	アジア	主菜	116
107	コールスロー	洋食	副菜	161
114	コーンポタージュ	洋食	副菜	165
69	粉ふきいも	和風	副菜	138
97	小松菜の煮びたし	和風	副菜	156
103	さつまいもの甘煮	和風	副菜	159
70	里いも煮	和風	副菜	139
41	三色ナムル	アジア	副菜	104
102	じゃがいもの煮ころがし	和風	副菜	159
4	酢の物	和風	副菜	26
73	すまし汁	和風	副菜	141
109	トマトサラダ	洋食	副菜	162
100	なすのみそ炒め	和風	副菜	158
48	生春巻き	アジア	主菜	118
99	にんじんしりしり	和風	副菜	157
111	にんじんのグラッセ	洋食	副菜	163
87	八宝菜	アジア	主菜	150
118	バンサンスー	アジア	副菜	167
6	ひじきの煮物	和風	副菜	30
66	ほうれん草のおひたし	和風	副菜	136
2	ほうれん草のごまあえ	和風	副菜	22
108	ポテトサラダ	洋食	副菜	162
88	麻婆なす	アジア	主菜	151
106	マカロニサラダ	洋食	副菜	161
23	ミネストローネ	洋食	副菜	66
101	蒸しとうもろこし	和風	副菜	158
121	モロヘイヤのスープ	アジア	副菜	168
3	焼きなす	和風	副菜	24
105	ラタトゥイユ	洋食	副菜	160
7	わかめと豆腐のみそ汁	和風	副菜	32
119	ワンタンスープ	アジア	副菜	167

食材別さくいん

穀類・パン類・めん類

- ⑥³ いなりずし 　和風／主食　　134
- ⑲ お好み焼き 　和風／主食＋主菜　56
- ㊲ オムライス 　洋食／主食＋主菜　94
- ⑰ 親子丼 　和風／主食＋主菜　52
- ⑥⁴ かぶの葉とじゃこ入りごはん 　和風／主食　135
- ㊵ カルボナーラ 　洋食／主食＋主菜　100
- ㊱ カレー 　洋食／主食＋主菜　92
- ⑧⁴ グリンピースごはん 　洋食／主食　148
- ⑨³ ジャージャーめん 　アジア／主食＋主菜　153
- ⑱ 炊き込みごはん 　和風／主食　54
- ⑥⁵ たこめし 　和風／主食　135
- ㊴ チーズリゾット 　洋食／主食　98
- ⑧² チキンカレー 　洋食／主食＋主菜　147
- ⑨⁵ チヂミ 　アジア／主菜　154
- ㊿ チャーハン 　アジア／主食＋主菜　122
- ⑳ ちらしずし 　和風／主食＋主菜　58
- ⑧⁵ ドライカレー 　洋食／主食＋主菜　149
- ㊳ ドリア 　洋食／主食＋主菜　96
- ⑨⁴ ビビンバ 　アジア／主食＋主菜　154
- ⑧⁶ ピラフ 　洋食／主食＋主菜　149
- ㉒ フレンチトースト 　洋食／主食　64
- ⑧³ ミートソーススパゲッティ 　洋食／主食＋主菜　147

肉類

- ㊾ キムチ鍋 　アジア／主菜　120
- 51 牛しぐれ煮 　和風／主菜　126
- ⑨⁰ 牛肉と野菜のプルコギ 　アジア／主菜　152
- ㉞ グラタン 　洋食／主菜　88
- ㉜ コロッケ 　洋食／主菜　84
- ㊺ 酢豚 　アジア／主菜　112
- ⑪ 筑前煮 　和風／主菜　40
- ⑧⁹ チンジャオロースー 　アジア／主菜　151
- ㉖ 照り焼きチキン 　洋食／主菜　72
- ⑯ 鶏つくね 　和風／主菜　50
- 54 鶏肉の竜田揚げ 　和風／主菜　128
- ㉘ 鶏肉のトマト煮 　洋食／主菜　76
- 75 鶏肉のピカタ 　洋食／主菜　142
- ㉛ 鶏のからあげ 　洋食／主菜　82
- ㉝ とんかつ 　洋食／主菜　86
- 72 豚汁 　和風／副菜　140
- ⑩ 肉じゃが 　和風／主菜　38
- ⑮ 肉野菜炒め 　和風／主菜　48
- ㉔ ハンバーグ 　洋食／主菜　68
- ㊷ バンバンジー 　アジア／副菜　106
- ㉟ ビーフシチュー 　洋食／主菜　90
- ㉚ ピーマンの肉づめ 　洋食／主菜　80
- 53 豚肉の野菜巻き 　和風／主菜　127
- 52 豚の角煮 　和風／主菜　127
- ㉕ 豚のしょうが焼き 　洋食／主菜　70
- ⑨¹ ホイコーロー 　アジア／主菜　152
- 77 ポークソテー 　洋食／主菜　143
- 76 ポトフ 　洋食／主菜　143
- 55 蒸し鶏 　和風／主菜　129
- ㊸ 焼きぎょうざ 　アジア／主菜　108
- 56 冷しゃぶサラダ 　和風／主菜　129
- ㉙ ロールキャベツ 　洋食／主菜　78

魚介類

- ⑭ あさりの酒蒸し 　和風／主菜　46
- 120 あさりの中華風スープ 　アジア／副菜　168
- 57 あじの南蛮漬け 　和風／主菜　130
- 78 あじフライ タルタルソース 　洋食／主菜　144
- ⑨² いかとセロリのピリ辛炒め 　アジア／主菜　153

【著者】牧野直子(まきのなおこ)

スタジオ食（studio Coo）代表。料理研究家。管理栄養士。女子栄養大学卒業。在学中より栄養指導や料理教育に携わり1995年に独立。誰にでもできてかんたんでおいしいことはもちろん、健康になるためのレシピを提供している。NHKの「きょうの料理」「きょうの健康」、三越カルチャーサロンの料理教室をはじめ、ラジオ、雑誌、書籍、講演会やセミナーなど幅広い分野で活躍。モットーは「家族みんなが楽しめる、体にやさしい、かんたんでおいしいレシピ」。著書に『効能別 体にいいものレシピ87』（メディアファクトリー）、『一生太らない食べ方』（マガジンハウス）、『手ではかるだけダイエット』（角川SSコミュニケーションズ）など多数。

本書の内容に関するお問い合わせは、書名、発行年月日、該当ページを明記の上、書面、FAX、お問い合わせフォームにて、当社編集部宛にお送りください。電話によるお問い合わせはお受けしておりません。また、本書の範囲を超えるご質問等にもお答えできませんので、あらかじめご了承ください。

FAX：03-3831-0902
お問い合わせフォーム：http://www.shin-sei.co.jp/np/contact-form3.html

落丁・乱丁のあった場合は、送料当社負担でお取替えいたします。当社営業部宛にお送りください。法律で認められた場合を除き、本書からの転写、転載（電子化を含む）は禁じられています。代行業者等の第三者による電子データ化及び電子書籍化は、いかなる場合も認められていません。

料理の教科書ビギナーズ

著　者　　牧野　直子
発行者　　富永　靖弘
印刷所　　慶昌堂印刷株式会社

発行所　東京都台東区台東2丁目24　株式会社 新星出版社
〒110-0016　☎03(3831)0743

© Naoko Makino　　　　　　　　Printed in Japan

ISBN978-4-405-09199-3